동화 작가와 함께 하는

글쓰기를 어떻게 할까

동화 작가와 함께 하는

글쓰기를 어떻게 할까 • 5학년

초판 1쇄 발행 | 2002년 4월 30일
중쇄 발행 | 2007년 1월 5일
엮은이 | 이붕
글쓴이 | 김종상 외
그린이 | 김옥재 외
편집책임 | 강명옥
편집디자인 | indi9

펴낸이 | 장은숙
펴낸곳 | 계림
등록 | 제1-1793호
주소 | 서울시 종로구 평동 13-69
전화 | (02)722-7672(대표)
팩스 | (02)723-3093
이메일 | kyelim@lycos.co.kr
홈페이지 | www.kyelimbook.com
ⓒ2002, 계림

글쓰기를 어떻게 할까

글 김종상 외 | 그림 김옥재 외

5 학년

도움말

독서와 글쓰기를 함께 해요

'구슬이 서 말이라도 꿰어야 보배'라는 속담이 있습니다. 아무리 훌륭하고 좋은 것이라 해도 단단히 매어 쓸모 있게 만들어야 귀하게 된다는 말이지요.

우리는 여러 가지 종류의 글쓰기 방법을 초등학교 때부터 배웁니다. 하지만 막상 글을 쓰려고 하면 처음부터 막막해질 때가 많습니다. 글쓰는 방법을 그냥 외울 뿐, 실제 예문을 많이 읽어 보고 직접 써 볼 기회가 많지 않기 때문이에요. 머릿속으로만 아무리 많이 안다고 해도 실제로 활용해서 글을 쓸 수 없다면, 구슬만 많이 가졌을 뿐 귀하게 사용할 줄 모르는 것과 같지요.

현재 초등학교에 다니는 어린이들은 국어 시간에 '읽기'와 '쓰기' 공부를 충분히 합니다. 글짓기 학원을 다니며 글쓰기를 열심히 배우는 어린이들도 많다고 해요.

하지만 많은 어린이들이 여전히 글쓰기를 귀찮아합니다. 글감 하나를 잡는 데도 많은 시간을 보내고, 잘 다듬어진 글 한 줄 쓰는 것을 어려워합니다.

이처럼 글쓰기를 어려워하고, 싫어하는 어린이들을 위하여 이 책을 엮었습니다.

글쓰기를 어떻게 할까?

그 대답은 아주 간단합니다. 우선 기행문, 독서 감상문, 생활문 등 여러 종류로 나누어 쓴 재미있는 동화를 읽은 다음, 그 글 속에 담긴 글쓰기 방법을 스스로 찾아보세요.

쉽고 재미있는 글쓰기의 든든한 길잡이가 되기 위해, 60여 명의 유명한 동화 작가가 쓴 각각의 동화를 글의 종류와 수준에 맞게 학년별로 책을 엮었습니다.

이 책을 곁에 두고 독서와 글쓰기를 함께 하면, 귀한 구슬을 더 아름답고 튼튼하게 엮을 수 있는 방법을 스스로 알게 될 것입니다.

글쓰기, 이렇게 하세요

글쓰기에 대한 부담을 덜고 우선 재미난 동화를 읽으세요. 그런 다음, 여러 가지 글쓰기 방법을 꼼꼼하게 익히면서 나만의 글을 써 보세요. 글쓰기가 어려우면 예문을 앞서 읽은 동화에서 찾아보면 확실히 이해할 수 있습니다.

부모님이나 형제 자매끼리 동화를 읽고 의견을 나누거나, 친구끼리 동아리나 모둠을 만들어 함께 읽고 예문을 찾아보는 것도 글쓰기에 많은 도움이 됩니다. 동화와 글쓰기 부분을 다 읽은 다음에는 해당하는 종류의 글을 직접 써 보면 좋은 글을 재밌게 쓸 수 있을 것입니다.

1단계(동화 읽기)

글의 종류에 대한 확실한 이해를 돕는 재미있는 동화나 해당 글이 1, 2편씩 실려 있습니다. 글쓰기 공부를 일부러 하지 않아도 이야기를 읽음으로써 저절로 이해가 됩니다. 책읽기를 싫어하는 어린이에게는 한 편의 글을 읽게 하는 것만으로도 도움이 됩니다.

2단계(글쓰기 실제)

각 동화 뒷부분에는 여러 종류의 글쓰기 방법이 들어 있습니다. 보기 글이나 예문은 앞의 동화나 글에서 대부분 발췌했으므로 설명에 대한 이해가 빠릅니다. 익힌 글쓰기 순서와 방법을 빠뜨리지 않고 글을 쓰다 보면 잘 정돈된 글을 쉽게 쓸 수 있습니다.

차 례

기행문 1
달팽이의 여행　　　　　　김춘옥　　　　8

기행문 2
보람 있는 이별　　　　　　이 붕　　　　24

논설문 1
인형 뽑기는 좋을까 나쁠까　　　　김재원　　　　40

논설문 2
파마를 해야 하는 세 가지 이유　　　　원유순　　　　56

독서 감상문 1
고마워, 책벌레야!　　　　　　신기옥　　　　72

독서 감상문 2
삼국지가 가져다 준 기쁨　　　　윤수천　　　　88

동시
아버지 이마에 얌체공　　　　　　송재진　　　　104

생활문
진돌아　　　　　　김숙희　　　　120

일기문
아름다운 꼴찌　　　　　　안선모　　　　136

편지글
부칠 곳 없는 편지　　　　　　김종상　　　　152

달팽이의 여행

간밤에 내리던 비가 그치자 흙은 한층 부드럽고 폭신폭신해졌다. 달팽이들은 땅 속에서 기어 나와 한껏 자란 열무를 올려다보았다. 벌써 줄기를 타고 올라가 잎사귀를 갉아먹는 친구들이 보였다. 꿈팽이는 느릿느릿 줄기를 기어올랐다.

'이 세상 밖에는 무엇이 있을까?'

꿈팽이는 이슬 방울이 달려 있는 열무 잎사귀를 먹으며 먼 곳을 바라보았다. 그러나 보이는 건 끝없이 펼쳐진 열무 숲뿐이었다. 다른 달팽이들은 신이 나서 열무 기둥에서 흙으로, 또 흙에서 열무로 돌아다녔다.
바로 그 때였다. 땅이 '쿵쿵' 울리며 하늘에서 커다란
울림이 들려 왔다. 언뜻언뜻 보이는 하늘이 밝아졌다
어두워졌다 했다.

"모두 피해요! 어서 흙 속으로 들어가요!"

달팽이들은 부리나케 땅 속으로 기어 들어갔다. 사
람이 온 것이다. 밭고랑으로 거대한 다리들이 걸어다
녔다. 전에도 사람들의 발에 밟혀서 달팽이들이 죽은
일이 있었다. 그런데 오늘은 사람들의 다리가 하나 둘
이 아니었다. 여러 사람이 온 모양이었다.

"열무에서 떨어져요!"

　어른 달팽이의 소리가 비명처럼 들려 왔다. 마침내 사람들 손에 의해 열무가 송두리째 뽑혀 올려지기 시작했다. 뿌리에 붙어 있던 달팽이들은 바닥으로 떨어져 도망을 쳤다. 여기저기서 열무가 뽑힐 때마다 아우성치는 소리가 들려 왔다. 뽑힌 열무는 커다란 비닐봉투에 담겨졌다.

　'저걸 어디로 가져가는 걸까?'

　꿈팽이는 열무 밑동에 숨어서 비닐봉투를 지켜 보았

다. 그 때 꿈팽이가 붙어 있던 열무가 흔들거리기 시
작했다. 곧 하늘로 솟아올랐는데, 현기증이 일었다.

'이 열무를 붙잡고 있으면 아주 먼 곳으로 가게 될
거야. 그 곳에는 분명히 근사한 게 있을 거야.'

꿈팽이는 더욱더 열무를 세게 붙잡고 놓지 않았다.

한참 동안 꿈팽이는 열무 사이에 끼어 있었다. 몸을
움직일 수 없었다. 졸렸지만 잠을 잘 수도 없었다. 알
수 없는 기대감과 두려움이 꿈팽이의 마음 속을 어지
럽혔다.

그런데 갑자기 눈앞이 환해져서 꿈팽이는 눈을 감고
말았다. 어둡고 습한 곳을 좋아하는 꿈팽이로서는 견
딜 수 없이 너무 밝아 그만 정신을 잃고 말았다.

얼마 후, 온몸이 시원해서 깨어 보니 물 속이었다.
사람이 열무를 헹구고 있었다. 꿈팽이는 잠시 동안 그
대로 있었다. 곧 물이 출렁거리며 밑으로 쏟아지자,
꿈팽이도 함께 떨어졌다. 열무 부스러기 사이에 버려
진 것이다.

"다, 달팽이닷!"

갑작스런 아이의 목소리에 꿈팽이는 소스라치게 놀
라 위를 쳐다보았다. 아이의 동그란 눈이 꿈팽이를 내
려다보고 있었다. 그러고는 이내, 엄지와 검지로 조심
스럽게 꿈팽이를 잡아 올려 살피기 시작했다.

“엄마, 이 달팽이 키워도 되죠?”
“글쎄, 아파트에서 살 수 있겠니?”
“화분에 키우면 되잖아요.”
“괜히 실망만 할걸. 맘대로 하려무나.”
아이는 베란다에 놓여 있는 제일 큰 화분에 꿈팽이를 내려놓았다. 화분에서는 벤자민이 자라고 있었다. 꿈팽이는 나무를 향해 기어가기 시작했다. 나무 기둥은 거칠거칠하고 단단했다. 아무리 기어 올라가도 잎사귀는 보이지 않았다.
“음, 풀잎이나 꽃잎을 먹고 산다고.”
아이가 백과사전을 펼쳐 들고 중얼거렸다.
“또, 축축한 곳을 좋아하네.”
아이는 옆 화분에서 꽃잎과 잎사귀를 따다가 화분에 넣어 주었다. 그리고 작년 여름 바닷가에서 주워 온 조개껍질을 깔고 물도 부어 주었다. 꿈팽이는 조개껍질에 있는 물을 마셨다.
“여기 한 마리 더 있다.”
아이의 동생이 꼬마 달팽이 한 마리를 화분으로 가져왔다. 꿈팽이는 얼른 그 달팽이 곁으로 기어갔다. 꼬마 달팽이는 무서운지 덜덜 떨고 있었다.
“괜찮아, 아무 일도 없을 거야. 난 꿈팽이라고 해. 매일 엉뚱한 꿈만 꾼다고 아빠가 지어 주신 이름이지. 넌 이름이 뭐니?"

"몰라. 다들 꼬맹이라고 불렀어."

"꼬맹이? 좋은 이름인데."

"근데, 여기가 어디야? 엄마 아빠 어딨어?"

꼬맹이는 볼멘 목소리로 이리저리 두리번거렸다. 자기가 살던 곳과는 너무 다르고 흙도 딱딱했다. 흙 냄새도 좋지 않았다. 이상한 비료 냄새가 나서 머리가 아팠다. 열무 밭은 가끔씩 한약 찌꺼기로 거름을 줄 뿐 농약 같은 건 치지 않았다. 흙이 부드러워서 별로 힘을 들이지 않고도 땅 속으로 들어가 쉴 수가 있었다.

"나, 엄마 아빠한테 가고 싶어."

"여기가 어때서 그러니? 봐, 새로운 세상이라고."

꿈팽이는 꼬맹이를 달래듯 말했지만 속으론 자신도 걱정이 되었다.

꿈팽이가 살 던 곳은 끝도 보이지 않는 땅이 계속 이어져 있었다. 그래서 세상은 어디까지나 흙으로 되어 있을 거라고 생각했다. 그런데 이 곳에 있는 흙이라곤 불과 몇 분 만에 기어갈 수 있는 곳이 전부였다.

꼬맹이가 울먹이기 시작했다. 꿈팽이는 더 이상 할 말이 없어 그 자리를 슬그머니 피했다. 아이가 갖다 놓은 잎사귀를 갉아먹어 보았지만, 맛이 별로 없었다.

매일 열무만 먹어서 입맛이 길들여졌기 때문일 거라
고 생각했다.

'다른 음식도 먹을 줄 알아야 해.'

꿈팽이는 애써 잎사귀 하나를 다 먹어 치웠다. 왠지
기분이 좋지 않았다. 가슴이 뻥 뚫린 것처럼 허전했
다.

아침이면 햇볕이 베란다 창을 타고 안으로 쏟아져
들어왔다. 햇볕은 덥고 건조해서 아이가 뿌려 준 물기
를 금세 걷어가 버렸다. 꼬맹이는 화분을 타고 밑으로
기어 내려가더니 베란다 바닥을 무작정 기어 다녔다.
그러나 다른 땅은 없었다. 꿈팽이도 꼬맹이를 좇아서
베란다를 헤맸다.

"달팽이들이 자꾸만 밑으로 내려오네."

"제 살던 땅만이야 하겠니? 좁은 화분이라 답답해서
그러지. 밖에 풀밭에라도 놓아 주지 그러니?"

"안 돼요, 내가 키울 거라고요!"

아이는 꿈팽이와 꼬맹이를 다시 화분에 넣어 주었
다.

날씨는 점점 더워졌다. 한낮이면 햇볕이 견딜 수 없
게 따가웠다. 꼬맹이는 여전히 화분을 기어 내려갔다.

"엄마, 아빠가 있는 곳으로 갈 거야."

"이 바보야, 그 곳은 너무 멀어. 기어선 갈 수가 없

단 말야.”

　“왜 못 가? 난 할 수 있단 말야!”

　꿈팽이는 이제 꼬맹이를 그대로 내버려 두었다. 어차피 오후가 되면 학교에서 돌아온 아이가 다시 화분 안으로 데려다 주기 때문이다. 꼬맹이는 아이가 부어 주는 물에 샤워를 하다 지쳐 잠이 들곤 했다. 꿈팽이는 차츰 오후의 샤워에 길이 들었다. 한잠 길게 자고 나면 한결 기분이 나아졌다.

저녁 무렵에는 나뭇잎이나 꽃잎을 먹으며 화분 안을 천천히 기어다녔다. 꼬맹이는 말수가 적어져서 멍하니 창 밖을 바라보곤 했다. 그럴 때면 꿈팽이도 갑자기 엄마가 보고 싶어졌다.

“얘야, 이걸 좀 먹어 보련? 많이 먹어야 쑥쑥 자라지.”

“매일 열무 잎만 먹으래. 지겨워. 뭐 딴 거 없어요?”

꿈팽이는 엄마가 늘 주던 열무 잎을 한 번만이라도 먹어 봤으면 좋겠다고 생각했다. 이제 그런 일이 일어날 수는 없을 것이다. 어딘지도 모를 이 곳에서 살다가 죽어 갈 것이다.

꼬맹이가 화분을 떠난 지 이틀이나 되었다. 꿈팽이도 화분을 내려갔다. 꼬맹이가 너무 작아서 아이가 찾아 내지 못한 모양이다. 꿈팽이는 기고 또 기었다. 화분 밑과 유리창 모서리, 외진 구석 등을 찾아 보았지만, 꼬맹이는 아무 데도 없었다. 햇볕이 점점 따가워졌다.

다시 화분으로 돌아와 받침대에 오르는 순간이었다. 받침대 발 안 쪽 그늘에 무언가가 보였다. 얼른 기어가 보니 꼬맹이가 입구를 하얀 막으로 덮고 잠들어 있었다. 하얀 막을 덮는 것은 수분이 날아가는 것을 막기 위해서였다. 꿈팽이는 기운이 쭉 빠졌다. 갑자기 한 발짝도 더 기어갈 수가 없었다. 꼬맹이 옆에 누워서 몸을 껍질 속에 넣었다. 입구를 하얀 막으로 덮고 꿈팽이도 잠이 들었다.

꿈팽이가 깨어났을 때는 저녁 무렵이었다. 흙은 촉촉했고 조개껍질에는 물이 가득했다. 꼬맹이는 물 속에 텀벙 들어가서 물을 마시고 있었다. 햇볕은 사라졌고 바깥은 깜깜했다. 거실에서 불빛이 새어 나왔지만 그래도 편안한 기분이 들었다.

그 후에도 꼬맹이는 하루도 거르지 않고 화분을 기어 내려갔고 아이는 언제나 꼬맹이를 다시 데려다 주었다.

그러던 어느 날이었다. 꼬맹이가 돌아오지 않았다. 저번처럼 어딘가 숨어 있는 게 틀림없었다. 아이가 베란다로 와서 꼬맹이를 찾고 있었다. 저녁엔 아이의 엄마와 아빠도 와서 여기저기를 살폈다. 꿈팽이는 화분을 내려가려 했지만 사람들에 의해 다시 제자리로 돌아올 수밖에 없었다. 다음 날도, 그 다음 날도 꼬맹이는 돌아오지 않았다. 그렇게 여러 날이 더 흘러갔다.

빗줄기가 창을 때리며 흘러내렸다. 꿈팽이는 빗줄기를 바라보았다. 이젠 혼자였다. 꼬맹이는 죽은 게 틀림없었다. 꿈팽이는 화분을 내려갔다. 그리고 창을 향

해 천천히 기어가서 창문에 붙어 빗줄기에 몸을 기댔
다.

'엄마, 보고 싶어요!'

언제 왔는지, 아이가 꿈팽이를 잡아당겼다. 꿈팽이
는 떨어지지 않으려고 안간힘을 썼다. 그러나 곧 작은
종이상자에 갇히고 말았다.

'이젠 또 어디로 가는 거지?'

꿈팽이는 막연한 두려움에 몸을 떨었다. 그러나 잠
시 후, 상자가 열리자 꿈팽이는 눈이 휘둥그레지고 말
았다. 부드럽고 폭신폭신한 흙, 그 너머로 울창한 열
무 숲이 다가오고 있었기 때문이었다.

이 글을 쓴 선생님은요?

김춘옥 선생님은 1997년 월간 아동문예 신인상, 1999년 한국일보 신춘문예에
동화가 당선되어 작품활동을 시작했습니다. 지금은 단국대학교 대학원 문예창작학
과에 재학중이며 〈작은 나라〉〈할아버지의 밥상〉 등 많은 작품을 썼습니다.

'달팽이의 여행'을 읽고

한 시간에 몇 센티미터도 못 움직이는 달팽이가 여행을 한다는 게 상상이 안 되지요? 하지만 이 동화에서처럼 아주 멀리 떨어져 있는 도시까지 여행을 할 수도 있어요. 열무에 붙어 자동차를 타고 야채 시장으로 갔다가 어느 가정집까지 갈 수 있으니까요. 사람이 기차나 비행기, 배를 타고 아주 멀리 여행을 가는 것과 같아요.

열무 밭이 세상 전부인 줄 알았던 꿈팽이가 도시로 나와 아파트 베란다에 갇혀 있으면서 자기가 살던 부드러운 흙과 먹이가 있는 고향을 그리워했듯이, 여행을 하다 보면 자기 집이 제일 편하다는 걸 사람들도 느낀답니다.

그래서 여행은 좋은 것이지요. 늘 지내던 곳에서 떠나 보는 새로움도 좋고, 다시 그리워져 돌아오는 기쁨도 맛보니까요. 그러한 기분들을 달팽이는 글로 적을 수 없지만, 사람은 기행문으로 쓸 수 있으니 다행이지요?

기행문 어떻게 쓸까요?

1 기행문이란 무엇일까요?

여행하는 동안 느낀 가슴 벅찬 감동과 여행지에 대한 것을 오래 간직하기 위하여 쓴 글이 기행문입니다.

2 기행문의 형식을 알아볼까요?

꼭 어떻게 써야 한다고 정해진 형식이 있는 것은 아니므로, 여행을 하는 사람의 취미나 여행의 목적에 따라 자유롭게 쓰면 됩니다. 보통 다음 몇 가지의 형식으로 씁니다.

(1) 보고서 형식
유적지나 우리의 전통 문화 등을 자세히 조사하기 위한 답사였을 경우, 보고를 하는 식으로 쓸 수 있습니다. 여행자의 느낌이나 감동이 있는 글보다는 설명문처럼 간결한 문체로 쓰는 것이 좋습니다.

(2) 생활문 형식
여행을 다니면서 보고 듣고 느낀 것들을 아는 사람에게 이야기하듯 쓰는 방법으로, 주로 어린이들이 많이 쓰는 형식입니다.

(3) 일기 형식

일기를 쓴 것처럼 보이는 기행문입니다. 날짜별로 차근차근 일기를 쓰면 그대로 기행문이 되므로 쓰기 쉬운 방법입니다. 여행을 마치고 집에 돌아와서 한꺼번에 쓰려면 생각나지 않는 것도 있는데, 일기로 그날 그날 써 놓으면 생생하게 표현할 수 있어 좋습니다.

(4) 편지 형식

여행을 하면서 아는 사람에게 편지를 보내는 형식입니다. 진짜로 편지를 보내면, 편지의 좋은 점도 살리고 기행문도 쓰는 셈이니 일석이조라고 할 수 있습니다. 편지를 보내려고 쓰는 것이 아니더라도 글을 써 나가는 데 자연스럽고 쉽기 때문에 편지글 형식으로 쓰는 경우가 많습니다.

(5) 메모 형식

여행지의 안내서나 지도, 유적지의 입장권을 모으며 간단히 적어 두는 형식으로, 글쓰기를 배워야 할 어린이들에게 권할 만한 형식은 아닙니다. 여행을 다니는 동안은 피곤하고 바쁘므로 메모만 해 두었다가 돌아와서 쓰기 위한 준비라고 여기는 것이 좋습니다.

기행문에 무엇을 담을까요?

3 기행문에 무엇을 담을까요?

일정한 틀에 얽매이지 않고 자기의 취미나 관심, 여행 목적에 따라 자유롭게 쓰는 것이 좋습니다. 하지만 좀더 실감나게 쓰기 위하여 보통 다음 몇 가지 내용을 담습니다.

(1) 여행을 떠나는 즐거움
기행문의 처음 부분에 해당되며 여행의 목적이나 일정, 함께 가는 사람들에 대하여 적습니다. 일기에 소풍 전날의 심정이나 기다림 등을 쓰는 것과 같습니다.

(2) 처음 가는 곳에 대한 상상이나 기대
사람을 처음 만날 때, 만날 사람에 대하여 미리 알고 가면 대화도 잘 되고 인상도 오래 남습니다. 백과사전이나 인터넷을 통해 미리 알아본 여행지의 정보나, 여행지에 대한 기대감 등을 적습니다.

(3) 여행의 차례 (시간과 장소의 차례)
여행을 다닌 날짜별로 적어 나가며, 시간과 장소의 순서대로 씁니다. 별로 중요하지 않은 곳은 '어디의 무엇을 본 다음 들른 곳은 다보탑이었다.' 라는 식으로 쓰면 됩니다.

(4) 여행지의 풍경, 풍습에 대한 느낌과 생각
여행지의 모습을 그림 그리듯이 나타내면 좋습니다. 그 곳의 풍경을 보았을 때의 자기의 생각과 느낌도 적습니다.

(5) 여행지의 지역적 특성이나 역사적인 내력 또는 전설
다른 곳과 차별되는 그 곳만의 풍습이나 특산물에 대하여
자세히 적어 둡니다. 역사적인 사건이나 그 곳 출생의 위인
이 있으면 함께 적어도 됩니다.

(6) 만난 사람들과의 인연
여행의 특성이 잘 나타나는, 사람과의 만남이 있었으면 적
습니다. 절에 갔을 때 그 곳 스님과의 만남을 적는 것도 한
방법입니다.

(7) 여행하고 난 뒤의 느낌이나 그 고장에 대한 감상
기행문의 끝 부분으로 여행을 마친 전체적인 느낌과 알게
된 사실을 정리하여 글을 마무리하면 됩니다.

(8) 기타
여행한 곳의 교통, 숙박, 가 볼 만한 곳, 좋은 음식점 등을
적어 두면 같은 곳을 여행하려는 다른 사람에게 도움이 된
답니다.

보람 있는 이별

"도대체 너희들은 남도 아닌 남매끼리 왜 그렇게 싸
우니? 제발 사이좋게 지내면 안 되겠니?"
여진이와 진수가 싸울 때마다 엄마는 속상해하십니
다.
"남극과 북극으로 떼어 놓아야 할 모양이다. 서로
떨어져 봐야 귀한 줄 알지……."
엄마가 꾸중을 하기도 하고 달래기도 하지만 둘은
하루가 멀다 하고 다툽니다.
둘 다 고집이 세어, 서로 자기가 잘했다고 우깁니다.

누나 있는 사람은 좋겠다고 부러워하는 친구가 있으면 진수는 제일 먼저 ‘모르는 소리’라며 부정합니다.

“모르는 소리 말아라. 좋은 것은 자기가 갖겠다고 우기고, 심부름만 시키고 잘난 체하는 누난 없는 게 복이다, 없는 게 복이라고.”

여진이도 마찬가지입니다. 동생이 있으면 같이 놀고 잘해 줄 수 있어 좋겠다는 친구라도 있으면 비꼬기까지 합니다.

“누구 약 올리니? 동생 주제에 바락바락 대들고, 부모님께 이것저것 일러바치기나 하는 못된 아이한테 너 같으면 잘해 줄 것 같니? 동생 없어 편하니까 동생 있는 사람 약 올리고 있네.”

이렇게 서로 다투며 헐뜯던 여진이와 진수가 드디어 떨어져 지내게 되었습니다. 여진이가 이번 여름 방학 동안 혼자 시골로 떠나게 된 것입니다.

“알지도 못하는 집에 가서 보름씩이나 지낼 수 있겠니?”

엄마가 걱정하며 물었습니다.

“괜찮아요. 1학기 내내 편지를 주고받아서 마치 친척 같은 느낌이에요.”

“그래도 그렇지. 학교에서 너무 어려운 숙제를 내 준 거 같다.”

여진이 혼자만 가게 된 것은 학교에서 벌인 도시와 농촌 학교끼리의 자매결연 때문입니다. 올해 새 학기가 시작되자 여진이네 학교는 도농결연에 참여하며 같은 학년끼리 짝을 지어 편지를 주고받도록 했습니다. 그리고 여름방학 때는 고학년에 한하여 서울 친구가 농촌으로 가서 보름 동안 함께 지내도록 한 것입니다. 물론 겨울 방학 때는 농촌 친구가 서울로 와야 합니다.

"그 집에 가 있는 동안 늦잠 자면 안 되고, 부지런해야 된다. 네 옷은 네가 빨아 입고, 옥주랑 싸우면 안돼!"

걱정하던 엄마 입에선 이제 충고하는 말이 계속 나옵니다.

"내가 어린애예요? 염려 마세요."

"피이, 고집쟁이 싸움쟁이가 잘도 안 싸우겠다."

곁에서 짐 챙기는 걸 지켜 보며 듣고 있던 진수가 끼어들었습니다.

"너, 누구더러 싸움쟁이래? 너만 없으면 난 싸우지 않아. 보름 동안 너 안 볼 생각하니까 벌써 살 맛 난다."

"내가 할 말을 대신해 주고 있네. 누나만 없으면 나도 싸울 일 없어."

“애들아, 또 싸우니? 정말이지 너희 둘이 싸우는 걸 안 보게 되어 이 엄마가 살 것 같구나.”

엄마는 방금 전까지 맴돌던 걱정들이 사라졌는지 두 사람을 나무랐습니다.

“잘 됐다. 둘이 떨어져 살아 봐라. 누가 손해인가. 얼른 출발해라. 엄마가 서울역까지 데려다 줄게.”

엄마가 서두르자 진수가 또 끼어들었습니다.

“어, 출발부터 혼자 하라고 했다던데? 누나 선생님께 일러야지.”

“이 녀석아, 역이나 터미널까지는 괜찮아.”

“경식이 형이 그랬는데…….”

“넌, 남의 형 말은 믿고 네 누나 말은 못 믿냐?”

“또 싸운다! 싸우다 차 놓칠래?”

여진이와 진수는 다투는 걸 그만 둘 수밖에 없었습니다. 떠날 시간이 아니라면 몇 시간이고 다툴 태세였습니다.

짐을 차에 싣고 오르려는데 진수가 엄마에게 머뭇거리며 말했습니다.

“서울역까지 나도 갔다 오면 안 돼?”

“녀석, 누나 떠나니까 시원하다며?”

엄마가 눈을 흘기며 묻자 진수는 펄쩍 뛰며 변명했습니다.

“누나 전송하는 거 아니에요. 엄마 혼자 돌아오시려면 심심할까 봐서 그렇지요.”

다행히 이번에는 여진이가 덤비지 않았습니다. 막상 혼자서 집을 떠나려니 여러 가지 걱정으로 싸울 생각이 없는 것 같았습니다.

여진이가 앞자리에 타고 진수는 뒷자리에 앉았습니다. 다른 때 같으면 서로 앞자리에 앉을 거라고 우겨서 또 싸웠을 것입니다.

“여진아, 보름 동안 식구들 보고 싶어도 울지 않을 자신 있어?”

“엄마랑 아빠가 보고 싶으면 전화할게요.”

“바보, 시골 전화요금이 많이 나오면 안 되니까 편지로 하랬잖아. 방학식 하는 날 교장 선생님이 여러 번 말했는데 벌써 잊었어?”

진수가 어른처럼 누나를 꾸짖었습니다.

“편지는 목소리가 안 들리는데…….”

진짜로 혼자 떠날 시간이 되자 여진이는 목소리가 겁먹은 듯 작아졌습니다.

“진수야, 누나 가는데 끝까지 좋은 말 한 마디 안 할 거니?”

“누나도 뭐 끝까지…….”

엄마가 여진이의 눈치를 살피며 작은 소리로 나무라자 진수도 얼버무렸습니다.

“3번 홈으로 잘 들어가라.”

이 때, 뒤에 서 있던 진수가 여진이 등을 툭 치며 뭔가 내밀었습니다.

“이거 가지고 가.”

여진이가 얼떨결에 받아든 것은 엄마와 아빠, 그리고 진수와 함께 찍은 사진이었습니다.

“왜 네가 있는 사진을 주냐?”

“싫으면 이리 줘.”

진수가 화난 듯 빼앗으려고 했습니다. 여진이는 얼

른 손가방에 넣으며 이렇게 말했습니다.

"하긴 사진으로라도 네 얼굴을 보면서 약 올려야 소화가 잘 되겠지. 메롱!"

"여진아?"

엄마 목소리가 날카롭습니다.

"엄마, 걱정 그만 하세요. 출발할 때부터 돌아올 때까지 완벽하게 행동할 테니까요. 서울과 다른 점들도 많이많이 알아볼게요. 우리 학교에서 방학을 제일 뜻깊게 보낸 어린이가 정여진일 테니까 기대하고 계세요."

여진이는 단단히 각오를 한 사람처럼 의젓하게 개찰구를 빠져 나갔습니다.

“누난 좋겠다. 나도 고학년 되면 도농자매결연에 꼭
참여해야지.”

진수는 여진이가 부러운 듯 말했습니다.

집에 돌아온 진수는 대문을 들어서며 폴짝 뛰었습니
다.

“야호! 우리 집 여우 없는 동안 내 세상이다.”

엄마는 이러는 진수를 나무라지 않고 혼잣말을 했습
니다.

“정말 그러나 보자.”

진수는 마음대로 음악도 크게 틀어 놓고 신나게 시
간을 보냈습니다. 그런데 오후가 되자 심심하다며 여
진이의 방을 들락거렸습니다.

“엄마, 누나는 5일 아침에 와요, 저녁 늦게 와요?”

“오려면 아직 멀었는데 그걸 벌써 왜 물어?”

“그냥……..”

진수는 멋쩍은지 자기 방으로 가 버렸습니다. 하지
만 잠시 후에 다시 나타나 엄마를 졸랐습니다.

“엄마, 심심해. 맛있는 거 사 주세요.”

“심심하면 소금 줄까, 간장 줄까?”

엄마는 진수를 놀리며 냉동실에서 고기를 꺼냈습니
다.

“피자나 만들어 줄까?”

"야, 신난다! 엄마, 누나가 싫어해서 못 넣는 피망도 많이 넣어요."

"그러자꾸나. 누나 없을 때, 실컷 먹어라."

그런데 진수는 그렇게 좋아하던 피자를 조금밖에 먹지 못했습니다.

"이상하다. 엄마, 오늘 피자는 왜 맛이 없죠?"

"녀석아, 맛이 없기는……. 누나랑 서로 많이 먹으려고 다투지 않으니까 맛이 없는 거야."

"정말 그런가?"

진수는 그 날부터 기운이 하나도 없었습니다.

"엄마, 몇 밤을 자면 누나가 와요?"

"이제 겨우 나흘 지났어."

"치이, 나쁜 누나야. 편지도 안 해."

"옥주네 집이 무척 좋은가 보다. 옥주네 동생들은 누나 말을 잘 듣는다니까 여진이 말도 잘 듣겠지. 진수 너보다 옥주 동생들이 더 좋아져서 거기 살겠다고 하면 어쩌지? 넌 항상 누나 말 안 듣고 싸웠잖아?"

진수는 대답은 하지 않고 가만히 듣고만 있었습니다. 그러다 중얼거렸습니다.

"나도 고학년 돼서 농촌생활 떠나면 누나한테 편지 안 할 거야."

진수는 정말 화난 듯 입을 삐죽거렸습니다.

"엄마, 누나한테서 편지 오면 나는 안 볼 거예요."

"엄마나 아빠한테만 쓸 텐데 네가 왜 보니?"

그런데 다음 날, 진수는 대문을 서성거리다 제일 먼저 편지를 받았습니다.

"엄마, 누나한테서 편지가 왔어요! 나한테도 왔다니까요."

엄마와 진수는 각자에게 온 편지를 읽었습니다.

"넌 아직 덜 읽었니? 어디 보자. 여진이 이 녀석, 배신자구나. 엄마 아빠한테는 이렇게 짧게 쓰고, 너한테만 그렇게 길게 썼네."

엄마는 진수에게 온 편지를 넘겨다보며 섭섭하다는 표정을 지었습니다.

편지를 다 읽고 난 진수도 섭섭한 표정을 지었습니다.

"엄마, 누나는 내가 보고 싶다는 말은 하나도 안 썼어요. 무슨 편지가 꼭 출발한 날부터 쓴 일기 같아."

"어디 보자."

진수에게로 온 편지를 읽어 내려가는 엄마는 몹시 기쁜 표정이었습니다.

"진수야, 누나가 기행문 쓰듯이 정말 자세히 썼구나. 우리 딸이 언제부터 이렇게 글을 잘 썼지?"

“치, 내가 보고 싶단 말이 없잖아.”

“다음 번 편지에는 진수 네가 보고 싶다는 말도 쓰겠구나.”

“엄마가 그걸 어떻게 알아요?”

“기행문에는 보고 듣고, 겪은 일만 적는 것이 아니라 자기의 생각이나 느낌도 적는다는 걸 누난 알고 있거든.”

“보고 듣고, 겪은 일만 썼는데요?”

“집에 와서 쓰려면 잊어버릴까 봐서 그때 그때 쓴대잖니. 우리 딸이 보고 싶어서 괜히 보냈다고 후회했는데 보람 있는 이별이구나.”

“보람 있는 이별이요? 난 누나가 빨리 왔으면 좋겠는데…… 누난 내가 보고 싶어하는 거 모르지요?”

엄마는 반가운 여진이의 편지를 읽고 또 읽느라 진수가 아무리 물어도 대답하지 못했습니다.

이붕 선생님은 1987년 월간문학 신인상에 동화가 당선되어 문단활동을 시작하였습니다. 지금은 독서 • 논술길라잡이 〈생각이 저요, 저요〉의 편집을 맡고 있으며 〈엉뚱이의 모험〉 〈교감 선생님은 청개구리〉 〈물꼬 할머니의 물사랑〉 〈아빠를 닮고 싶은 날〉 등의 많은 책을 썼습니다.

'보람 있는 이별'을 읽고

　여진이와 진수의 다투는 모습이 여러분과 똑같다고요? 하지만 정말 미워서 그러는 건 아니지요. 막상 하루만 떨어져 있게 되면 서로 보고 싶어서 찾게 되니까요. 여진이가 도농결연 친구인 옥주네 집으로 간 지 하루도 안 되어 진수도 누나가 보고 싶다고 하잖아요. 여진이는 5학년답게 집으로 긴 편지를 써서 보냈군요. 옥주네 시골 마을로 여행을 간 것과 같으니 기행문을 써야겠다는 마음으로 쓴 것이겠죠. 시골에 가 있는 기분이랑, 그 곳의 특산물, 도시에서 보지 못했던 것들, 새로 알게 된 사실들을 자세히 적어 보내면 멋진 기행문이 될 거예요.

　부모님과 진수에게 안부 편지도 쓰고 기행문도 쓰는 셈이지요. 여행을 하고 나서 쓴 글이 기행문인데, 여행을 다 마치고 집에 와서 쓰려고 하면 생각이 잘 나지 않는 경우가 있어요. 그럴 때를 대비하여 저녁에 하루의 기행문을 쓰기도 하고, 간단히 메모를 해 두었다가 돌아온 후에 쓰는 경우도 있답니다. 여행지에서 찍은 사진을 붙여 가며 설명하면 훨씬 생동감이 있지요.

기행문 어떻게 쓸까요?

1 기행문을 쓰는 차례를 알아볼까요?

쓰는 차례가 특별히 정해진 것은 아니지만 대부분 거쳐 가는 순서대로 쓰면 됩니다. 여행을 마치고 쓰는 글이므로, 날짜별로 되돌아보면 회상하기에도 편리합니다. 여진이가 옥주네 집에서 돌아와 기행문을 쓴다면 어떻게 쓸까를 함께 생각해 보면 알기 쉬울 것입니다. 이렇게 정리해 보면 개요표를 짜는 공부까지 될 것입니다.

(1) 여행을 떠날 때의 기분을 씁니다.
출발 준비를 하는 동안 엄마의 걱정과 진수의 잔소리, 서울역까지 마중을 나온 엄마와 진수랑 헤어질 때의 기분, 막상 혼자서 여행을 떠난다고 생각하니 두근거리던 일 등을 적으면 될 것입니다.

(2) 가는 도중의 이야기를 씁니다.
① 교통 수단 : 기차를 타고 가는 동안의 일과 내리는 곳까지 걸린 시간.
② 본 것 : 기차 안과 밖의 풍경, 기차 안에서 만난 사람 이야기.

③ 들은 것 : 옆 사람이나 다른 사람들이 한 이야기, 기차
　안에서 파는 물건이 역마다 다른 점에서 알게 된 지역별
　특산물.
④ 느낀 것 : 가족과 헤어져 혼자 기차 여행을 하는 기분이
　나 고생.

(3) 목적지에서 있었던 일을 씁니다.
마중 나온 옥주에 대한 것이나 옥주네 집과 동네에서 본
일, 들은 일, 한 일, 깨달은 일 등을 씁니다.

(4) 돌아오면서 느끼거나 생각한 것을 씁니다.
옥주의 전송을 받으며 떠날 때의 모습과 생각, 처음에 혼자
기차를 탔을 때와는 달리 두려움이 없어진 것을 느끼며 생
각한 것들을 적습니다.

(5) 전체적인 느낌을 정리하고, 마무리합니다.
여행을 떠나서야 집과 가족의 소중함을 새삼스레 느낄 수
있었다는 것과, 이번 여행에서 얻은 소중한 생각과 깨달음
등을 적고, 옥주에게 편지를 쓰겠다는 계획을 적으며 끝맺
습니다.

 ## 2 여행을 하면 좋은 점은 무엇일까요?

　사람들은 늘 한 곳에서 같은 생활을 반복하므로 따분하기도 하고, 새로운 것을 보고 듣고 알거나 느낄 기회가 적습니다. 이럴 때 다른 곳으로 여행을 다니면 보는 눈이 커지며 생각이 넓어집니다. 동화 속의 여진이도 옥주네 집으로 혼자 여행을 떠났는데 다녀오고 나면 아마 여러 가지로 달라질 것입니다. 동생 진수에게도 양보하고 이해하는 마음이 생길 것이며, 시골 사람들의 생활 모습을 본받아 부지런하고 절약하게 되며, 무엇을 하든 자신감이 넘칠 것입니다. 여행은 생활을 풍요롭게 하며 견문을 넓히는 좋은 기회가 된답니다.

 ## 3 기행문을 쓰면 좋은 점은 무엇일까요?

　아름답고 뜻깊은 곳으로 여행을 다니며 많은 것을 보고 듣고 느꼈더라도 시간이 지나면, 그 감동은 희미해지고 알았던 것들도 잊게 됩니다. 하지만 기행문을 써 두었다면 다시 돌아볼 수 있습니다. 또한, 기행문을 쓰기 위해 여행을 다시 한 번 돌아보고 깊이 생각하게 되므로 논리적으로 생각을 정리하는 힘이 길러집니다.

4 기행문을 잘 쓰려면 어떻게 해야 할까요?

(1) 여행을 떠나기 전에 미리 조사를 합니다.

미리 조사를 하고 가면 보고 듣는 것에 대한 이해가 빠르고 쉽기 때문에, 기행문을 쓸 때 많은 도움이 됩니다.

(2) 여행지만의 특징을 잘 살핍니다.

어느 곳에서나 볼 수 있는 평범한 것보다는 다른 곳과 차별 되는 것에 관심을 가집니다. 사찰을 보더라도 색다른 건축 물이라면 그것에 대하여 자세히 관찰합니다.

(3) 보고 들은 것을 메모하고 입장 표나 안내서 등을 모읍니다.

적어 두지 않으면 나중에 자세한 것들이 떠오르지 않을 수도 있습 니다. 탑의 높이라든가 탈의 명칭 등은 정확하게 적어 두는 것이 좋 습니다.

(4) 생각이나 느낌을 많이 적습니다.

독서 감상문에 줄거리만이 아니라 읽은 느낌과 생각을 쓰 는 것처럼, 기행문도 누구나 보고 알게 된 사실만 적었다면 잘 쓴 글이라고 할 수 없습니다. 보고서 형식의 기행문이 아니라면 자신만의 의견과 소감이 들어 있어야 잘 쓴 기행 문이라고 할 수 있습니다.

인형 뽑기는 좋을까 나쁠까?

한결이와 경식이는 사이좋은 친구지만 가끔 의견이 엇갈리면 심하게 다투었다. 하루는 학교 공부를 마치고 집으로 돌아가는 길이었다. 상가가 많은 곳을 지나가고 있었는데 한결이가 인형 뽑기 기계를 보고 툴툴거렸다.

"경찰 아저씨들은 저런 인형 뽑기 기계를 왜 단속 안 하는지 모르겠어."

"왜? 인형 뽑기 기계가 어때서? 난 재미있기만 하던데……."

　경식이는 인형 뽑기 기계로 다가가더니 동전을 꺼내
집어 넣었다.

　"그냥 가자. 너까지 이러니까 가게 주인들이 자꾸
기계를 설치하잖아."

　한결이가 말리는데도 경식이는 기계를 스르르 움직
이더니 보란 듯이 인형을 척 뽑아 냈다.

　"이것 봐. 이렇게 재미있는 기계를 왜 없애라는 거
야?"

　"흥, 그건 운이 좋았을 뿐이야. 나뿐만 아니라 다른

친구들은 인형은 하나도 뽑지 못하고 돈만 몇천 원
씩 날린 적이 많은걸.”
“그건 기계 조종하는 요령을 몰라서 그래.”
“어찌 되었거나 인형 뽑기 기계는 나빠.”
“쳇! 자기가 멍청하다는 생각은 안 하고…….”
경식이가 빈정거리자 한결이는 주먹으로 경식이의
머리를 쳤다. 그러자 경식이도 한결이한테 덤벼들었

다. 둘이 엎치락뒤치락 싸우고 있을 때, 마침 시장에 갔다 오시던 한결이 엄마가 이 모습을 보게 되었다.
　"너희들 왜 싸우는 거니? 힘으로 싸우는 것만큼 어리석은 건 없단다. 꼭 싸우고 싶거든 지혜를 겨루어 보는 게 어떠냐? 자기 주장이 옳다는 것을 글로 써 보는 거야. 경식아, 우리 집에 가자. 아이스크림 사 줄게."

아이스크림을 사 주겠다는 말에 경식이는 선선히 대답했다.

"좋아요. 마침 오늘 숙제가 '논설문 쓰기'니까 잘 됐네요. 난 글쓰기를 싫어하지만 한결이쯤은 문제없어요."

경식이가 큰소리를 치자 한결이도 지지 않고 맞섰다.

"흥, 난 국어라면 자신 있어. 우리 엄마가 중학교 국어 선생님이라는 걸 몰랐지? 논술박사라고. 난 엄마를 닮았거든. 오늘은 정말 너의 코를 납작하게 해 줄 테야."

그 말을 듣고 경식이는 은근히 기가 죽었다. 한결이

가 학교에서도 글쓰기를 잘하더니 그럴 만한 이유가 있구나 싶었다. 잘못 걸렸구나 하는 생각도 들었다. 하지만 이제 와서 물러설 수도 없는 일이었다.

경식이는 한결이 집에 가서 한결이가 논설문을 쓰는 동안 컴퓨터를 만지작거렸다.

"야, 넌 안 쓰냐? 난 벌써 반이나 썼는데……."

"걱정 마. 난 생각만 떠오르면 금방 쓸 수 있어. 머리를 식히기 위해서 오락을 좀 하는 거야."

그렇지만 경식이는 인터넷에 들어가서 논술 자료를 검색하고 있었다. 수학이나 과학이라면 자신 있는데 아무래도 논술은 막막했다.

그래서 논술 코너에 들어가서 미리 공부한 다음에 글을 쓸 생각이었다.

1. 논설문을 잘 쓰려면 먼저 우리 주변에서 볼 수 있는 문제점이나 고쳐야 할 일을 찾아 내야 한다.

〈보기〉급식 시간에 벌어지는 문제들, 휴대폰을 아무 데서나 막 쓰는 사람들, 지하철이나 버스 안에서 버릇없이 구는 아이들…….

2. 논설문의 짜임

서론 : 현재의 상황이나 내가 경험한 어떤 문제점,

이 글을 쓰게 된 동기 등을 적는다.

본론 : 문제점의 해결 방법을 몇 가지 적는다. 먼저
‘주장’을 적고 그 다음에 그 방법이 옳다고
생각하는 ‘근거’를 덧붙인다. 근거는 구체적
인 예를 들수록 좋다.

결론 : 지금까지 주장한 내용을 간단히 요약하여 정
리한다.

3. 초보 논설문 쓰기 1단계

〈보기〉 식당에서 너무 떠드는 아이들.

서론 : 요즘 아이들은 식당에서 함부로 떠든다.
(현재의 상황이나 문제점, 원인)

본론 : 부모들은 아이들이 남을 배려하도록 가르쳐
야 한다.(방법 제시, 주장)

결론 : 공공장소에서 예절을 지키자.
(요약, 부탁, 희망)

4. 초보 논설문 쓰기 2단계

〈보기〉 책을 읽기 싫어하는 요즘 어린이들.

서론 : 요즘 어린이들은 텔레비전이나 만화는 잘 보
면서 책은 많이 읽지 않는다. 어린이들이 책
을 잘 읽지 않기 때문에 서점이 점점 줄어들

고 있다. 그 대신 PC방이나 오락실은 여기저기서 성업 중이다.

본론 : 주장 – 학교에서 독서 지도에 더 힘써야 한다. 근거 – 어린이들은 부모님 말보다도 선생님의 말을 더 잘 듣는다. 선생님들이 독서 지도에 관심을 갖고 꾸준히 지도해야만 어린이들이 책 읽는 것을 좋아하게 될 것이다.

결론 : 갈수록 줄어드는 어린이의 독서량을 늘리기 위해서는 학교와 가정에서 독서 지도에 더욱 힘써야 한다. 특히 독서에 대한 선생님들의 관심은 어린이들의 독서 습관 형성에 가장 큰 영향력을 미치기 때문에 선생님들의 독서 지도가 꼭 필요하다.

여기까지 읽고 난 경식이는 자신감이 생겨 다음과 같이 써 내려갔다.

나는 인형 뽑기 기계가 있는 것이 좋다. 왜냐하면 다음과 같은 이유 때문이다.

첫째, 인형 뽑기 기계는 재미있다. 적은 돈을 들이고도 인형을 뽑아 낼 수 있기 때문에 학교 생활에서 쌓인 스트레스를 풀 수 있다.

둘째, 가게 주인도 여러 가지 기계로 손님의 관심을 끌어야 한다. 가게에 신기한 기계가 없으면 손님이 모이지 않는다. 가게 주인은 새로운 인형 뽑기 기계를 설치해야 돈을 벌 수 있다.

셋째, 적당히 하면 낭비가 아니다. 인형 뽑기 기계에 매달려 몇천 원씩 날리면 낭비지만 그냥 재미로 하면 큰 부담이 되지 않는다.

우리들에게 즐거움을 주는 인형 뽑기 기계가 꼭 나쁜 것만은 아니다. 어른들이 무조건 나쁜 눈으로만 바라보지 않았으면 좋겠다.

자신의 글을 다 쓰고 난 뒤에 경식이는 한결이의 글을 무심결에 읽어 보았다.

거리를 지나다 보면 인형 뽑기 기계를 쉽게 볼 수 있다. 나도 호기심에 몇 번 해 보았는데 한 개밖에 뽑지 못했다. 내 친구는 몇천 원이나 썼지만 한 개도 못 뽑은 일도 있다.

난 이런 인형 뽑기 기계 때문에 우리들이 돈 낭비를 많이 한다는 생각이 들었다. 그런 기계를 아예 없앨 수는 없겠지만 우리가 돈 낭비를 하지 않기 위해서 최소한 다음과 같은 점들이 개선되기를 바란다.

첫째, 인형 뽑기의 삼각형 다리가 좀더 단단했으면 좋겠다. 그러면 적어도 한 개는 뽑을 수 있어서 돈을 넣고 실망만 하지는 않을 것이다. 몇천 원이나 넣어도 계속 허탕만 친다면 어린이들은 가게 주인을 원망할 것이다.

둘째, 불법 인형 뽑기 기계를 단속하면 좋겠다. 이런 기계는 결국 우리들의 돈을 노리는 것이다. 어린이들이 적은 돈이라고 아끼지 않는다면 결국은 우리 나라 경제까지 나빠질 수 있다. 이런 기계가 있으면 호기심에 돈을 낭비하게 된다. 어린이들이 돈을 낭비하지 않도록 이런 불법 기계를 단속해야 한다.

셋째, 인형 뽑기 기계가 꼭 있어야 한다면 인형의 품질이 좋아져야 한다. 인형 뽑기 기계가 우리들의 호기심을 끄는 것은 인형 때문이다. 그런데 시시한 인형만 있다면 아무도 거들떠보지 않을 것이다. 돈을 좀더 쓰더라도 예쁜 인형을 건진다면 어차피 사는 것과 다름없다. 주인들은 너무 돈만 벌기 위해 값싼 인형만 넣지 말고 어린이들에게 좋은 선물을 준다는 생각으로 예쁜 인형을 넣어 두고 잘 걸리게 했으면 좋겠다.

그렇지만 인형 뽑기 기계는 돈을 낭비하는 기계가 되기 쉬우므로, 어린이들은 많이 하지 말고 가게 주인들도 어린이들을 생각해서 돈 버는 데만 신경 쓰지 않기를 바란다.

경식이는 한결이의 글이 자신의 글보다 훨씬 짜임새가 있고 섬세하다는 점에 놀랐다. 경식이는 앞으로 글쓰기 공부에 더 관심을 가져서 다음 번엔 한결이보다 더 나은 글을 쓰겠다고 다짐했다.

이 글을 쓴 선생님은요?

김재원 선생님은 소년중앙문학상과 경향신문 신춘문예에 동화가 당선되어 글쓰기를 시작했습니다. 지금은 글나라 아동문학 연구소를 운영하며 〈소라〉 〈새 글짓기 교실〉 〈꿈을 날리는 곰보 아저씨〉 등의 책을 썼습니다.

'인형 뽑기는 좋을까 나쁠까?'를 읽고

　여러분도 인형 뽑기를 한 번쯤은 해 보았을 거예요. 이 글에 나오는 경식이도 인형 뽑기를 하는 바람에 한결이와 다투었어요. 인형 뽑기 기계를 없애야 한다는 한결이에게, 자기가 멍청해서 뽑지 못하니까 그런다고 말해서 싸우게 된 거죠. 싸우는 것을 본 한결이 엄마는 이렇게 말했어요. '힘으로 싸우는 것만큼 어리석은 일은 없단다. 지혜를 겨루어 보는 게 어떠니?'라고 말예요. 그 덕분에 경식이와 한결이는 논설문 한 편씩을 썼어요. 경식이는 인터넷에 들어가 논설문 쓰는 법도 배웠고요.

　사물에 대한 각자의 생각은 다를 수 있어요. 다르다고 힘으로 싸워서는 안 되겠지요? 자기의 생각이 옳으면 왜 옳은지 상대방을 설득해야 해요. 세상을 살아가려면 자기의 주장을 잘 펴야 할 때가 많답니다.

논설문 어떻게 쓸까요?

1 논설문이란 무엇일까요?

어떤 사실에 대하여 자기의 생각이나 의견 등을 근거와 이유, 방법을 밝혀가며 무엇을 어떻게 하자고 주장한 글입니다.

2 논설문의 특징은 무엇일까요?

(1) 문장이 딱딱하고 간결합니다.

다른 사람에게 자기 주장을 펴기 위하여 논리적으로 타당한 이유를 들어가며 쓴 글이므로 딱딱하고 간결합니다. 생활문이나 일기와는 달리 글을 꾸며 주는 아름다운 문장이나 비유하는 말이 들어 있지 않습니다.

(2) 인용이나 예를 듭니다.

타당한 이유나 근거를 대기 위하여 충분히 조사한 통계자료나 정확한 인용을 이용합니다.

예) 한국 갤럽에서 조사한 바에 의하면 초등학생의 70%가 머리카락 염색을 한 번 이상 해 보았다는 통계가 나왔다.

(3) 짜임새가 있습니다.

글의 짜임이 처음 부분, 중간 부분, 끝 부분으로 정확하게 나누어져 있습니다. 물고기가 머리, 몸통, 꼬리 부분으로 되어 있는 것과 같습니다.

3 논설문을 쓸 때 주의할 점입니다.

(1) 자신의 의견이 분명한 주장을 합니다.

'인형 뽑기를 하는 것은 나쁘다.', '인형 뽑기는 하는 것이 좋다.' 처럼 주장이 분명해야 합니다. '인형 뽑기가 꼭 나쁜 것만은 아니다.' 처럼 확실하지 않은 주장을 하면 안 됩니다.

(2) 주장하는 이유나 근거를 밝힙니다.

먼저, 주장하는 것을 적었으면 왜 그렇게 해야 하는지 꼭 맞는 이유와 근거를 댄 다음, 해결 방법도 나타내야 합니다.

(3) 자료 조사를 충분히 합니다.

주장을 확실하게 펴는 데 뒷받침이 되는 자료를 모아야 합니다. 확실하지 않은 자료로 대충 쓰면 설득력이 약해집니다.

4 논설문의 짜임을 알아볼까요?

(1) 처음

주장하려는 글의 시작 부분으로 어떤 문제에 대하여 이야기할 것인가를 밝히는 곳입니다.

예) 거리를 지나다 보면 인형 뽑기 기계를 쉽게 볼 수 있다. 나도 호기심에 몇 번 해 보았는데 한 개밖에 뽑지 못했다. 내 친구는 몇천 원이나 썼지만 한 개도 못 뽑은 일도 있다.

난 이런 인형 뽑기 기계 때문에 우리들이 돈 낭비를 많이 한다는 생각이 들었다.

(2) 가운데

주장하려는 내용의 중심 부분으로, 주장에 대한 설명과 이유를 내세우는 곳입니다. 여러 가지 적합한 이유와 근거를 나타내는 부분으로 글 전체의 반을 넘게 차지합니다.

예) 인형 뽑기 기계가 있어야 하는 이유는 다음과 같다.

첫째, 인형 뽑기 기계는 재미있다. 적은 돈을 들이고도 인형을 뽑아 낼 수 있기 때문에 학교 생활에서 쌓인 스트레스를 풀 수 있다.

둘째, 가게 주인도 여러 가지 기계로 손님의 관심을 끌어야 한다. 가게에 신기한 기계가 없으면 손님이 모이지 않는다. 가게 주인은 새로운 인형 뽑기 기계를 설치해야 돈을 벌 수 있다.

셋째, 적당히 하면 낭비가 아니다. 인형 뽑기 기계에 매달려 몇천 원씩 날리면 낭비지만 그냥 재미로 하면 큰 부담이 되지 않는다. 우리들에게 즐거움을 주는 인형 뽑기 기계가 꼭 나쁜 것만은 아니다. 어른들이 무조건 나쁜 눈으로만 바라보지 않았으면 좋겠다.

(3) 끝
주장을 간추려 글을 끝맺는 부분입니다. 확실한 주장을 한 번 더 하는 곳입니다.

예) 인형 뽑기 기계가 우리들의 호기심을 끄는 것은 인형 때문이다. 그런데 시시한 인형만 있다면 아무도 거들떠보지 않을 것이다. 돈을 좀 쓰더라도 예쁜 인형을 건진다면 어차피 사는 것과 다름없다. 주인들은 너무 돈만 벌기 위해 값싼 인형만 넣지 말고 어린이들에게 좋은 선물을 준다는 생각으로 예쁜 인형을 넣어 두고 잘 걸리게 했으면 좋겠다.
그렇지만 인형 뽑기 기계는 돈을 낭비하는 기계가 되기 쉬우므로 어린이들은 많이 하지 말고 가게 주인들도 어린이들을 생각해서 돈 버는 데만 신경 쓰지 않기를 바란다.

파마를 해야 하는 세 가지 이유

철남이가 수정이네 반으로 전학을 온 것은 약 한 달 전이었다. 철남이를 처음 본 순간, 수정이네 반 여자 아이들은 모두 눈이 휘둥그레졌다. 철남이가 너무 잘 생겼기 때문이었다. 갸름한 얼굴에 오똑한 코, 지적인 눈매하며, 멋지게 다듬어 적당한 색으로 염색을 한 머리…… 그야말로 세련미 그 자체였다.

"야아! 쟤 진짜 멋지다."

철남이가 들어오고 나서 수정이네 반 여자 아이들은 모두 철남이와 친해지려고 애를 썼다. 몰래 편지를 써

서 철남이 가방에 넣는가 하면, 노골적으로 철남이에
게 선물 공세를 펴는 아이들도 있었다. 또 어떻게 하
면 철남이 곁에 다가갈 수 있을까 서로 눈치를 보며
같은 여자끼리 치열하게 경쟁을 벌이기도 하였다.

　수정이와 친한 친구인 미라는 날이면 날마다 철남이
에게 줄 사랑의 노트를 만드느라 정신이 없었다. 미라
는 백지 공책에 '한철남' 이라는 이름을 깨알같이 적
어 하트 모양의 무늬를 만들기도 하고, '한철남' 을 점
같이 찍어 'I love you.' 를 만들기도 하였다.

수정이도 무엇인가 철남이에게 선물을 주고 싶었다. 무엇을 줄까 고민을 하다가 철남이가 농구를 좋아한다는 것을 알게 되었다. 그래서 저금통을 털어 농구공을 사기로 했다. 수정이의 저금통은 삼 학년 때부터 모아 왔던 것이라 제법 많은 돈이 들어 있었다. 비싼 값을 주고 농구공을 사면서도 수정이는 하나도 아깝지 않았다.

　　망설이고 망설이다 수정이는 점심 시간에 운동장으
로 나가는 철남이를 불렀다.
　　"철남아, 이것으로 농구해."
　　수정이가 농구공을 내밀자, 의아한 눈으로 철남이가
수정이를 바라보았다.
　　"저기 있잖아, 이거 내가 산 거야. 네가 농구할 때
쓰라고……."
　　"그래? 고마워, 우피."

철남이는 농구공을 휙 낚아채더니 싱긋 웃었다.

“뭐, 우…피?”

수정이는 철남이의 말을 언뜻 알아듣지 못하고 어리둥절한 눈길로 철남이를 바라보았다.

“하하하, 우피? 딱 맞네, 딱 맞아.”

철남이 옆에 있던 진석이가 허리를 꺾으며 웃었다.

“우피가 뭐야?”

진석이가 웃자, 준용이가 어리벙벙한 눈빛으로 물었다.

“야, 넌 우피 골드버그도 모르냐? 그 못생긴 흑인 여배우.”

진석이는 우스워 죽겠다는 듯 깔깔거리고, 철남이는 야릇한 웃음을 흘리며 수정이를 힐끗 보았다. 그러더니 농구공을 튀기며 계단을 내려갔다.

“우피 골드버그?”

수정이는 사실 ‘우피 골드버그’라는 여배우를 잘 알지 못했다. 아니, ‘우피’뿐만 아니라 아는 서양 여배우라고는 단 한 명도 없었다.

“칫!”

그 때까지만 해도 철남이의 그 말이 별로 기분이 나쁘지는 않았다. 어쨌든 서양의 여배우 이름을 불러 준 것이 그리 기분 나빠 할 일은 아닌 것 같았다.

그런데 문제는 다음 날이었다. 진석이가 제법 커다란 '우피 골드버그'의 사진을 가지고 와서 교실 벽면에 붙여 놓았기 때문이었다.

'우피 골드버그'

입술이 두껍고 꼬불꼬불한 머리가 산만큼 흩어진 우피의 얼굴. 수정이가 봐도 못생긴 얼굴이었다.

"야야, 이 얼굴 좀 봐. 이수정과 닮지 않았냐? 철남이가 있잖아, 수정이더러 우피라고 부르지 않았겠니? 아이고, 우스워."

진석이의 말에 남자 아이들이 일제히 와르르 웃음을 터뜨렸다.

'나쁜 녀석, 남의 선물을 그런 식으로 받다니……'

수정이는 집으로 돌아오자마자 거울 앞에 섰다. 학교에서 있었던 일을 생각하면 할수록 화가 나서 참을 수가 없었다. 얼굴이 화끈 달아오르고, 가슴이 뛰어 거울을 내동댕이치고 싶었다.

'에잇, 도대체 이게 뭐야?'

수정이는 들고 있던 거울을 책상 위에 탁 내려놓았다. 까무잡잡한 피부에, 꼬불꼬불한 머리는 자기가 보아도 미웠다. 윤기가 자르르 흐르는 미라의 머릿결과는 비교가 되지 않을 정도로 부스스했으며, 너무 꼬불거린 나머지 머리 위로 붕 떠 있었다.

'흥, 어디 두고 보자.'

입을 앙다물고 주먹을 불끈 쥐어도 여간해서 분이
풀리지 않았다.

'꼭 복수를 해 주고 말 테야.'

그러나 어떻게 복수를 해 주어야 할지 얼른 떠오르
지 않았다.

그러다가 문득 머리를 스치는 것이 있었다. 두어 달
전, 정란이가 자르르 윤기 흐르는 머리를 흔들며 학교
에 왔었다.

"얘, 이거 봐. 어제 우리 엄마가 스트레이트 파마 해
줬다. 예쁘지?"

정란이의 곧게 뻗은 머리와 함께 반질반질하게 윤기
흐르는 머릿결의 부드러운 감촉!

'좋았어. 나도 스트레이트 파마를 하는 거야.'

하지만 돈이 없었다. 이미 저금통은 바닥이 났으니
할 수 없이 엄마를 조르는 수밖에 없었다. 하지만 엄
마는 한 번도 수정이의 머리에 파마를 해 주지 않으셨
다. 엄마는 '초등 학생 때부터 파마를 하면 머릿결이
망가진다.' 라는 생각을 갖고 계신 분이었다. 고민을
하다가 수정이는 엄마에게 편지를 쓰기로 했다. 그냥
편지가 아니라 파마를 해야 하는 이유를 확실하게 밝
힌 편지라야 했다. 그래야 엄마를 설득할 수 있을 것

같았다.

　'어떻게 편지를 쓰면 좋을까? 맞아, 주장과 근거를 확실히 밝히면 될 거야.'

수정이는 곧 편지를 쓰기 시작했다.

　엄마, 보세요.

　엄마의 사랑하는 딸, 수정이가 꼭 하고 싶은 일이 있어요.

　그건 바로 제가 스트레이트 파마를 하는 거랍니다. 다음의 제 글을 읽고 허락을 해 주셨으면 좋겠어요.

스트레이트 파마를 하면 좋은 세 가지 이유

고수머리는 고불고불한 머리를 일컫는데 동양 사람, 서양 사람 할 것 없이 약 10% 정도의 사람이 지니고 있습니다. 고수머리를 가지고 있는 사람에게는 불편한 점이 한 두 가지가 아닙니다. 머리를 감고 빗어도 차분하지 않아 보기 싫고, 마음대로 머리 모양을 바꾸기도 어렵습니다. 그래서 고수머리에게는 스트레이트 파마가 필요합니다.

그 이유로 세 가지를 꼽을 수 있습니다.

첫째, 스트레이트 파마를 하면 곱슬곱슬한 머리가 곧게 펴지면서 보기가 좋습니다. 고수머리를 지닌 아이들은 자신의 머리를 보면서 만족감을 느끼게 됩니다.

둘째, 스트레이트 파마를 하면 친구들의 놀림을 받지 않게 됩니다. 고수머리를 지닌 아이들은 친구들에게 '라면머리, 우피 골드버그, 뿌시시' 등의 별명으로 놀림을 당합니다. 그래서 고수머리를 지닌 아이들은 스트레스를 받습니다. 스트레이트 파마를 하면 친구들에게 놀림을 받지 않아도 됩니다.

셋째, 스트레이트 파마를 하면 오히려 머릿결이 좋아집니다. 파마를 할 때 머릿결이 좋아지는 약을 쓰기 때문에 파마를 하고 나면 오히려 머릿결도 부드럽고

반질반질해집니다. 그래서 머리를 만지면 기분이 좋아집니다.

엄마, 위의 글을 읽고 꼭 허락해 주세요.
엄마를 사랑하는 딸, 수정 올림

수정이는 편지를 엄마의 화장대 위에 살그머니 올려놓고 방으로 돌아왔다.

이튿날 학교에서 돌아오니, 수정이의 책상 위에 엄마의 답장이 있었다. 수정이는 반가운 마음으로 얼른 편지를 집어 들었다.

사랑하는 딸 수정이에게,

네 글을 잘 보았다. 그러나 엄마의 글을 읽고 다시 한 번 생각해 주기를 바란다.

파마를 하면 안 되는 세 가지 이유

어린이가 파마를 하는 것에 대해 저는 별로 좋지 않게 생각합니다. 그 이유는 다음과 같습니다.

첫째, 지나치게 외모에 관심을 갖게 하여 어린이에게 나쁜 영향을 주기 때문입니다. 그렇지 않아도 요즘 어린이들이 마음의 아름다움보다는 외모에 신경을 많이 쓴다고 합니다. 그런데 어른이 앞서서 파마를 해 주는 것은 좋지 않다고 생각합니다.

둘째, 고수머리도 개성을 살리면 더욱 멋진 모습을 만들 수 있습니다. 사람은 저마다 개성이 있어야 합니다. 사람마다 똑같은 모습으로 살아간다면 세상은 아마 재미 없을 것입니다. 고수머리를 잘 살려 자기만의 매력을 가꾼다면 진정한 아름다움을 갖게 될 것입니다.

셋째, 어린이가 일찍부터 파마를 하기 시작하면 머리에 손상을 가져올 수 있습니다. 파마 약은 머릿결을 좋게 하기보다는 해롭게 하는 것이 대부분입니다. 일찍부터 파마를 한 어린이의 머릿결은 어른이 되면 더욱 빨리 손상된다는 학자의 보고가 있습니다.

엄마의 편지를 읽고 수정이는 그만 긴 한숨을 내쉬고 말았다. 그리고 개성을 살리는 것이 좋을지, 멋진 파마를 해서 철남이의 코를 납작하게 해 주는 것이 좋을지 고민했다. 그러나 어느 것이 철남이에게 통쾌하게 복수하는 방법인지는 쉽게 판단이 되지 않았다.

이 글을 쓴 선생님은요?

원유순 선생님은 1990년 아동문학평론에 동화가 당선되어 작품활동을 시작하였습니다. 지금은 열심히 창작 활동을 하고 있으며, 〈까막눈 삼디기〉 〈넌 아름다운 친구야〉 〈호기심 천국과 꼬마 시인〉 등 많은 작품을 썼습니다.

'파마를 해야 하는 세 가지 이유'를 읽고

　저금통을 털어 농구공까지 선물한 수정이를 그렇게 놀리다니 철남이는 참 나쁜 아이라는 생각이 들었을 거예요. 그래도 수정이는 생각이 깊은 아이라고 생각되지요? 보통의 어린이라면 그렇게 놀림을 당하고 가만 있지 않았을 거예요.

　수정이는 스트레이트 파마를 하는 게 좋다는 생각을 하고 엄마에게 편지를 썼어요. 엄마에게 파마를 하겠다고 말씀 드리면 분명 반대를 하실 테니까 먼저 설득하는 편지를 썼죠. 왜 파마를 해야 하는지 그 이유를 충분히 댔어요.

　여러분도 자기의 주장을 펴려면 수정이처럼 그 이유와 근거를 잘 대야겠지요. 파마를 하지 말아야 할 이유를 댄 수정이 엄마가 딸의 마음을 너무 몰라 주는 부모라고요? 수정이가 파마를 하는 게 옳다고 여기면 수정이 엄마를 설득하는 주장을 해 보세요. 친구끼리 외모를 보고 놀리는 것은 나쁜 일이라는 주장의 글도 써 보면 좋을 거예요.

논설문 어떻게 쓸까요?

1 주장을 잘하려면 어떻게 해야 할까요?

(1) 깊이 생각하는 습관을 갖습니다.

항상 깊이 생각하고 원인과 결과를 생각해 보는 습관을 들이도록 합니다. 철남이가 수정이의 외모를 보고 놀린 일처럼 친구끼리 다투는 것을 보았다면, 누가 무엇을 왜 잘못했다고 생각하는지 솔직하게 비판해 보는 것도 좋습니다.

(2) 독서를 많이 하고 신문을 읽습니다.

평소에 책을 많이 읽으며, 신문이나 방송의 뉴스에 관심을 갖도록 합니다. 다른 사람들의 생각은 나와 어떻게 다른지 비교해 봅니다.

(3) 잘못된 것, 불편한 것, 고쳤으면 하는 것을 찾아 봅니다.

있는 사실을 그대로 받아들이는 것으로 그치는 것이 아니라 그 반대의 경우까지 늘 생각해 봅니다. 생활하면서 나쁜 점, 불편하다고 느껴지는 점, 잘못된 점을 해결하는 방법을 생각해 보는 습관을 들입니다.

# 2 논설문 쓰는 차례를 알아볼까요?

(1) 주제를 정합니다.
어떤 사실에 대하여 어떤 주장을 할까를 생각하여 주제를 정한 후 글감을 잡습니다.

예) 어린이도 파마를 할 수 있다.

(2) 자료를 모읍니다.
주장을 확실하게 펼 수 있도록, 뒷받침해 줄 자료를 모읍니다. 인터넷이나 백과사전을 이용하여 찾아 냅니다.

예) 파마 약의 성분, 머릿결을 좋게 하는 약품, 고수머리의 불편한 점, 외모가 중요한 이유.

(3) 개요를 짭니다.
서론에는 무슨 내용을 쓰고, 본론에는 수집한 자료를 어떻게 쓸 것이며, 결론에는 무슨 내용을 넣을 것인지 간단하게 요점이 되는 문장을 적으며 글의 뼈대를 잡습니다.
'파마를 해야 하는 세 가지 이유'를 쓰기 위한 개요표를 짜 보면 다음과 같습니다.

주장 : 수정이는 파마를 해야 한다.

〈서론〉

예) ① 친구들 사이에 외모가 밉지 않아야 인기가 있다.

② 고수머리를 가진 아이는 얼마 안 되기 때문에 '라면', '뿌시시', '우피' 등의 별명으로 놀림을 받는다.

③ 놀림을 받는 것 때문에 학교 생활이 즐겁지 못하고 자신감이 없어진다.

〈본론〉

예) ① 해결 방법은, 스트레이트 파마를 하는 것이다.

② 머릿결을 좋게 하는 약품도 있다.

③ 파마를 하는 것도 자기의 개성이다.

④ 머릿결이 조금 나빠지더라도 학교생활에 자신감을 갖게 되는 것이 중요하다.

⑤ 지나친 외모에 대한 관심은 나쁘지만, 거울을 보며 단정하게 하려는 것은 좋은 것이다.

〈결론〉

예) 모든 친구들의 머리를 고수머리로 만들 수는 없으므로
　　수정이의 머리는 스트레이트 파마를 해야 한다.

(4) 자세히 씁니다.

개요표에 짠 대로 연결하여 이어서
자세히 쓰면 한 편의 글이 됩니다.
한 덩어리의 생각이 끝나면 줄을 바꿔
새로운 내용을 쓰도록 합니다.

(5) 글을 다듬습니다.

주장이 확실하게 나타났는지, 개요표대로 잘 써졌는지, 중복된 말은 없는지, 근거나 이유가 타당한지, 틀린 문장이나 맞춤법에 어긋난 것은 없는지를 살피면서 고치도록 합니다.

(6) 옮겨 적습니다.

워드프로세서나 원고지에
깨끗이 옮겨 적습니다.

고마워, 책벌레야!

채영이는 아무래도 인영이 말이 맘에 걸렸다.

'언니, 그것도 몰라? 5학년이나 되면서!'

"그래. 너 잘났어!"

채영이는 사진 속 인영이를 향해 혀를 낼름 내밀었다.

책상 위에 동화책이 반듯하게 놓여 있다. 어젯밤 몇 장 읽다 만 책인데, 어느 새 인영이는 다 읽은 모양이다.

아무리 생각해도 인영인 유별난 아이다. 동화책이면

동화책, 잡지면 잡지, 닥치는 대로 마구 읽어 대니 말이다. 그래서인지 인영이는 아는 것도 많고 말도 조리 있게 잘한다.

'답답해.'

채영인 독서 감상문 쓸 일을 생각하니 숨이 막힐 것만 같았다. 책 읽는 것도 귀찮은데 독서감상문까지 써야 한다니.

"에이, 모르겠다."

채영이는 계단 손잡이에 아슬아슬하게 매달려 있는 자전거를 끌고 밖으로 나왔다. 오늘처럼 갑갑하거나 속이 상할 때는 자전거를 타는 게 최고다.

아파트를 빠져 나오자 기분이 날아갈 듯 상쾌했다.

"주채영!"

자전거를 끌고 횡단보도를 건너려는데 누군가가 불렀다. 윤규였다.

"너 독서 감상문 다 썼어?"

"아니. 넌?"

"나도 아직이야. 지금 막 책 사 오는 길인데 뭘."

윤규가 책이 든 비닐 봉지를 열어 보였다.

책을 잘 읽지 않는 걸로 치면 윤규도 반에서 채영이 못지않다. 독서 스티커가 제일 적은 다섯 명 안에 들어 있기 때문이다.

“그래도 넌 좋겠다. 네 동생 인영이가 글짓기 박사
라서. 네 동생한테 좀 도와 달라고 해.”

“뭐?”

기분이 상했다. 그렇지 않아도 인영이 때문에 자존
심이 상해 죽을 지경인데 윤규까지! 채영인 그렇게 부
러우면 너나 도와 달라고 하라며 윤규를 톡 쏘아붙였
다. 그랬더니 그 말이 진담인 줄 안 윤규는,

“저녁에 봐.”

하고 소리치며 잽싸게 달려갔다.

“언니, 이거!”

화장실에서 손을 씻고 나오는데, 인영이가 신문 조각 하나를 불쑥 내밀었다.

“이게 뭐야?”

“궁금하면 언니가 직접 읽어 봐.”

인영이는 늘 그랬다. 뭐든 물으면 꼭 직접 찾아보라는 둥, 직접 읽어 보라는 둥. 채영인 종이를 구겨서 책상 구석에 휙 던져 버렸다.

저녁을 먹고 조금 후였다. ‘설마 올까?’ 라고 생각한 윤규가 정말로 왔다. 그것도 아이스크림을 잔뜩 사 가지고 말이다.

“자, 여기서들 해.”

엄마가 교자상을 꺼내 거실에 펴 주었다. 윤규는 무엇이 그렇게 좋은지 연신 싱글거리며 인영이와 엄마를 번갈아 보았다.

“넌 안 쓸 거야?”

윤규가 자리에 앉으며 채영이에게 물었다.

“됐어. 난 아까 다 썼어.”

“그래? 야, 좋겠다. 인영이가 도와 줬구나? 그렇지?”

목까지 화가 울컥 치밀었다. 왜 다들 인영이, 인영이 하는 것인지……. 채영인 방으로 들어와 침대에 벌렁

드러누웠다.

거실에선 드디어 인영이의 강의가 시작된 모양이었다.

"이 단편집 다 읽은 거야?"

"으으…… 아니. 반정도."

"그럼 어떻게 독서 감상문을 써?"

"쓸 수 있어! 세 편이나 읽었으니까, 그 중에 하나만 쓰면 되지 뭐."

"애개개, 그럼 책 한 권에 대한 감상문이 안 되잖아. 그건 단편 소감이지."

"그, 그래? 그럼 어떡하지? 다 읽지도 않았는데."

윤규는 정말 인영이가 선생님이라도 되는 것처럼 안절부절못했다.

"할 수 없지 뭐. 참, 오빠 독서 감상문을 어떤 형식으로 쓸 거야?"

"어떤 형식? 그게 뭔데?"

"아이 참, 왜 그런 거 있잖아. 생활문 형식, 일기문 형식, 편지 형식, 설명문 형식, 시 형식, 또 논술식, 기사문 형식 같은 거."

인영이는 정말 똑똑했다. 어찌 그 많은 걸 다 외우고 있는지. 채영이는 방문을 배시시 열어 두고 귀를 기울였다.

"그냥 보통 쓰는 건 생활문 형식인가?"

"응. 그럼 오빠가 뭘 쓸 건지 구상부터 해 봐."

"구상?"

"왜 있잖아. 처음, 가운데, 끝에 무얼 쓸 건가 얼개를 짜 보는 것."

"아, 알았어. 무슨 말인지."

윤규는 공책에 뭔가를 열심히 쓰기 시작했다. 공책을 들여다본 인영이가 키득키득 웃었다.

"잘 쓰진 못했지만…… 그런데 이건 안 돼. 책 읽은 동기가 이게 뭐야? 선생님이 읽으라고 해서 읽었다니. 이런 걸 쓸 바에는 차라리 안 쓰는 게 나아."

"그, 그래? 난 제일 앞에 동기를 꼭 써야 되는 건 줄 알았어."

"에이, 그건 오빠가 잘못 알고 있는 거야. 독서 감상문엔 '이렇게 써라' 하고 딱 정해진 틀은 없어. 그냥 짜임새가 있고, 자기의 중심생각이 잘 드러나면 되는 거야. 물론 특별한 동기나, 주인공과 비슷한 자기 경험도 쓰면 더 좋지. 주인공에 대한 비판이나 칭찬도 해 주고 말이야."

"아! 그렇구나. 난 그것도 모르고……. 그런데 인영아!"

"왜? 또 뭐가 궁금해?"

“아니. 그게 아니라, 너 정말 글짓기 선생님 해도 되
겠다. 앞으론 내가 널 선생님이라 부를게.”

“뭐? 오빠!”

“아, 아, 알았어. 취소, 취소.”

윤규가 싹싹 비는 시늉을 하자 인영이는 그제야 샐
쭉 올렸던 눈꼬리를 내렸다.

‘흥, 오빠가 돼 가지고선!’

채영인 또 한 번 심술보가 뒤틀렸다. 그렇지만 아무
래도 독서 감상문은 써 가야 할 것 같아서 연습장을
꺼냈다. 윤규까지도 저렇게 열심이니, 잘못하다간 혼
자 망신을 당할 것 같은 생각에 더럭 겁이 났다.

“그럼 이제 쓰면 돼?”

“응. 그런데 주의할 게 있어. 줄거리만 장황하게 늘
어놓고, 뒤에 가서 자기 느낌이나 생각은 조금만 쓰
면 안 된다는 거야.”

“그럼 뭘 써?”

“아까 얘기했잖아, 자기 이야기도 쓰라고. 그리고
주인공의 행동이나 말, 그 당시 상황에 대해서도 오
빠의 생각을 적어 봐. 주제에 대해서도 적고.”

“히야! 어렵다, 어려워. 난 여태껏 줄거리만 쓰고 맨
끝에 ‘참 감동 깊었다. 재미있었다.’ 이렇게만 썼는
데, 이제 보니 네가 글짓기 상을 휩쓰는 데는 다 이

유가 있었네."

"또! 또 놀릴 거야?"

"아니, 아니."

둘은 뭐가 그렇게 재미있는지 깔깔대고 웃었다.

채영이도 놀랍긴 놀라웠다. 그냥 인영이가 글짓기를
잘해서 상을 탄다고만 생각했지, 저렇게 이론을 머리
속에 다 담고 있을 줄은 몰랐기 때문이다.

"아참, 참고로 알아 둘 게 있어. 나중을 위해서."

"참고? 무슨 참고?"

"나중에 오빠가 과학, 환경 동화나 위인전, 또 동시집이나 역사물 같은 걸 읽고 감상문을 써야 할 때 필요한 것들."

"아, 그렇지! 그런데 그건 또 쓰는 법이 달라야 돼?"

"응, 약간. 그냥 주의할 점만 말할게."

윤규가 공책에 받아 적을 자세를 취했다. 채영이도 얼른 귀를 바짝 열었다.

"과학이나 환경 책의 경우에는, 감상이 아닌 지식을 요약하기 쉬운데 그건 주의해야 돼. 새로 알게 된 사실에 대해서 쓰다 보면 그렇게 되기가 쉽거든. 그러니까 어렵거나 이해하기 힘든 부분도 쓰고, 책을 읽기 전과 읽고 난 뒤에 바뀐 생각 같은 것도 쓰고 그래야 돼."

"야하! 오늘 정말 공부 많이 한다. 학교에서 배울 땐 하나도 머리에 안 들어오더니 네가 가르쳐 주니까 머리에 쏙쏙 들어오네."

"치이, 또 놀려. 빨리 다음 거 적기나 해."

"네, 선생님!"

"다음은 동시집이야. 동시집은 인상 깊었던 시를 인용해 가면서 소감을 적으면 돼. 머리말에 적힌 내용과 내 생각을 견주어 쓰는 것도 좋고."

"그럼 위인전은?"

"위인전은 그 위인에 대한 자신의 생각이나 느낌을
적으면 돼. 만약 그 인물이 내가 존경하는 분이라면
왜 존경하게 되었는지도 쓰고, 위인의 어릴 때 모습
과 내 모습, 또는 다른 내 주변 인물과 비교하여 쓰
는 것도 좋아. 그러면서 자기 반성이나 새로운 각오
같은 것도 하고 말이야."
"아, 알았어! 이제 보니 독서 감상문을 쓰는 게 누워
서 떡 먹기구나."
"정말?"
"말이 그렇다는 거지. 이 오빠 아직 너한테 아마 열
번쯤은 더 복습을 받아야 할걸. 어쨌든 고맙다, 너
덕분에 내일 벌 안 서게 돼서. 나 그만 갈게. 쓰는
건 집에 가서 쓰면 되니까. 참, 채영인 자?"
채영이는 얼른 책상에 엎드려 자는 척을 했다. 인영
이가 방문을 열었다가 다시 방문을 닫았다.
잠시 후 인영이가 들어왔다. 채영이는 일어나고 싶
었지만 차마 일어나질 못했다. 인영이가 책상 구석에
밀쳐 둔 종이를 펼쳤다.
"읽어 보랬더니."
혼잣말을 한 인영이가 종이를 펴서 책상 메모판에
꽂았다.
채영이는 인영이가 화장실에 간 틈을 타 재빨리 메

모판 종이를 보았다.

– 초등학생 자전거 타기 대회 –

눈이 활짝 열렸다. 자전거 타기 대회라니, 가슴이 두근거리기 시작했다. 그런데 더 놀라웠던 것은, '신문을 보다 언니 생각이 나서 얼른 찢어 왔어. 꼭 일등해.'란 인영이 글씨였다. 툭 하면, '언니는 공부는 뒷전이고, 자전거에 인생을 걸었어?' 하고 핀잔을 주었는데. 갑자기 코끝이 찡했다.
인영이 기척이 들렸다.
채영이는 얼른 메모장에 〈고마워, 책벌레야!〉라고 썼다. 그리곤 이불 속으로 쏙 숨어 들었다. 인영이를 볼 낯이 없어서였다.

이 글을 쓴 선생님은요?

신기옥 선생님은 서울신문 신춘문예에 동화가 당선되어 글쓰기를 시작했습니다. 지금은 어린이들에게 글쓰기 지도를 하고 있습니다. 작품으로는 〈염소 배내기〉〈사과나무 순이〉〈전하지 못한 편지〉 등이 있습니다.

'고마워, 책벌레야!'를 읽고

   여러분이 만약에 채영이라면 동생 때문에 짜증이 날까요, 동생이 자랑스러울까요? 누구라도 두 가지 마음일 거예요. 다른 사람 앞에서는 자랑스럽겠지만 집에서는 동생보다 못한 언니라서 짜증도 나겠지요. 짜증을 없애는 좋은 방법은 잘하려고 노력하는 거예요. 인영이가 왜 글짓기를 잘 할까요? 그것은 책을 많이 읽고 늘 주위에 관심을 가지기 때문이에요.

   독서 감상문 쓰기가 어렵다고 느끼는 것은 관심을 갖지 않고 노력을 하지 않기 때문이에요. 여러분이 잘하는 것 한 가지를 생각해 보세요. 여러분은 아마도 그것을 위해 시간만 있으면 연습하고 푹 빠져들 거예요. 자기보다 어린 인영이에게 선생님이라며 독서 감상문 쓰는 법을 배우러 온 윤규처럼 노력한다면 누구나 잘할 수 있답니다. 독서 감상문 쓰는 방법은 인영이가 한 말을 다시 읽어 보면 쉽게 이해될 거예요.

1 독서 감상문이란 무엇일까요?

책을 읽은 후에 쓴 글이 독서 감상문입니다. 반드시 책을 읽은 후에라야 쓸 수 있으며, 감상문이므로 줄거리뿐만 아니라 읽은 책에 대한 자신의 생각과 느낌이 들어 있는 글입니다.

2 책을 왜 읽을까요?

(1) 마음의 양식이므로 읽습니다.

사람은 육체와 정신이 균형 있게 자라야 합니다. 육체의 성장을 위하여 음식을 먹고 운동을 하듯 정신을 살찌우기 위해서 지식과 지혜를 쌓는 것입니다. 지식과 지혜를 얻는 방법 중의 하나가 독서입니다.

(2) 기쁨을 얻기 위하여 읽습니다.

사람은 살아가면서 여러 가지 즐거움과 기쁨을 얻습니다. 어떤 사람은 먹는 즐거움을 말하며 어떤 사람은 여행의 기쁨을 말하는데 독서의 기쁨도 그 중 하나입니다.

독서에는 새로운 지식을 얻는 기쁨이 있고, 발견하는 기쁨, 감동을 얻는 기쁨이 있으며 깨달음을 얻는 기쁨도 있습니다.

(3) 생활을 보람되게 하려고 읽습니다.

우리가 나아갈 길을 책에서 안내 받을 수 있습니다. 또 위인들의 생애를 읽으면, 그렇게 노력하고 본받는 생활을 하여 좀더 나은 사람이 되려고 하므로 보람된 생활을 할 수 있게 됩니다.

3 독서 감상문은 왜 쓸까요?

책을 읽었으면 여러 가지 기쁨과 보람을 이미 얻었을 터인데 독서 감상문은 왜 쓰는 것일까요? 그것은 '즐겁게 여행을 하고 신나게 놀았으면 됐지, 사진은 왜 찍는 것일까?'와 같은 질문이랍니다.

(1) 오래 간직할 수 있습니다.

사람은 기억력이 아무리 좋아도 시간이 지나면 오래 전에 읽은 책의 내용이나 감동을 잊게 됩니다. 그렇다고 전에 보았던 책을 또 읽기도 어렵습니다. 날마다 새로 나온 책을 읽기도 바쁘기 때문입니다. 이 때, 자신이 써놓은 독서 감상문을 본다면 책의 중요한 내용을 쉽게 기억해 내고 감동을 다시 느낄 수 있습니다.

(2) 책을 바르게 읽는 습관이 생깁니다.
학교에서 청소를 마친 뒤, 검사를 받지 않고 그냥 집에 간다면, 하기 싫거나 귀찮게 여겨지는 날은 청소를 대충하게 됩니다. 하지만 검사를 받은 뒤에야 집에 갈 수 있다면, 청소를 꼼꼼하게 잘하게 됩니다. 독서 감상문을 써야 한다는 생각을 하면서 읽으면, 뜻을 생각하며 깊이, 또 바르게 읽는 습관이 생깁니다.

(3) 생각하는 힘이 길러집니다.
느낌과 생각을 쓰려면 자신의 생활과 비교하고, 사회적 배경이나 등장인물의 성격, 행동 등을 판단해야 하므로 생각하는 힘이 길러집니다.

(4) 책읽기에 흥미가 생깁니다.
독서 감상문이 늘어나면 어려운 일을 해냈다는 성취감이 생겨 더욱 책읽기가 좋아집니다.

(5) 정리하는 힘이 생깁니다.
글을 읽으면서 얻은 지식과 자신의 생각을 글로 정리하므로써 글짓는 실력이 늘어나게 됩니다. 뿐만 아니라 다른 공부나 일상적인 생활에서도 마무리를 잘 짓는 사람이 된답니다.

4 무엇을 쓸까요?

(1) 줄거리를 간추립니다.

책을 덮었을 때 오래도록 생각나는 장면이나, 기쁨이나 슬픔, 답답함, 분노 등으로 떠오르는 사건을 간단히 적으면 간추린 줄거리가 됩니다.

(2) 생각과 느낌을 씁니다.

중요한 대목을 읽으면서 생각한 것, 기쁨이나 분노, 답답함, 슬픔 등의 느낌을 자신의 일과 비교하면서 적습니다.

(3) 새로운 결심이나 각오를 씁니다.

책을 읽는 동안 자기도 모르게 반성하고 각오했던 일이 있으면 적습니다. 그리고 왜 그렇게 결심하게 되었는지를 덧붙이면 책의 내용을 더 자세히 설명하는 것이 됩니다.

삼국지가 가져다 준 기쁨

병찬이는 요즘 삼국지를 읽는 재미에 푹 빠졌습니다. 여름 방학 숙제로 읽기 시작한 삼국지가 너무나 재미있기 때문입니다. 의형제를 맺은 유비, 관우, 장비. 그리고 제갈공명, 조조, 손권, 조자룡, 여포 등 나오는 사람만 해도 끝이 없었습니다. 게다가 그들이 엮어 내는 무궁무진한 이야기는 너무너무 흥미진진했습니다.

"병찬아, 밥 먹어라."

엄마가 재촉을 해도 병찬이는 좀처럼 책을 놓지 못

했습니다. 다음 일이 어떻게 될지 참으로 궁금하기 때문입니다.

"도대체 무슨 책을 읽기에 밥 먹을 생각도 안 하니?"

엄마가 늦게 온 병찬이를 보며 눈을 흘겼습니다.

"삼국지요. 너무너무 재미있어요."

삼국지란 말에 아빠의 얼굴에 웃음이 번졌습니다.

"삼국지, 좋은 책이지."

아빠가 고개를 끄덕였습니다. 엄마가 이번에는 아빠를 향해 눈을 흘겼습니다. 책이라면 질렸다는 표정을 지어 보이는 엄마입니다. 그럴 만도 합니다. 아빠는 보지도 않으면서 툭 하면 책을 사 들고 들어옵니다. 게다가 한 권도 아니고 전집으로 사 들고 들어옵니다. 그런데 알고 보니 그게 다 아는 사람들이 팔러 오는 월부책이라지 뭡니까!

"책이란 읽지 않고 바라만 봐도 좋은 거란다."

이것은 책에 대한 아빠의 생각이자 주장이기도 했습니다. 서점에 갔다 나오면 꽃가게에 들렀다 나온 때처럼 온몸에서 책향기가 난다지 뭐예요! 엄마도 아빠의 그 말만은 참 좋아했습니다. 서점에 들렀다 나오면 책향기를 묻혀 가지고 나온다는 말.

"병찬아, 어떻게 삼국지 읽을 생각을 다 했냐?"

아빠가 대견스럽다는 듯 두터운 안경 너머로 병찬이를 바라보았습니다.

"방학 숙제예요. 삼국지를 읽고 독서 감상문을 써야 해요."

방학 숙제라는 말에 아빠는 '그러면 그렇지.' 하는 얼굴이었습니다.

"어디 한 번 잘 써 봐라."

병찬이는 사흘 동안 꼼짝 않고 삼국지를 읽었습니

다. 모두 3권으로 되어 있는데다가 여느 책보다도 두꺼워서 읽는 데 시간이 많이 걸렸습니다.

독서 감상문을 쓰는 데는 꼬박 하루가 걸렸습니다. 썼다 지웠다 하기를 열 번도 더 했습니다. 그러고 나서도 마음에 썩 들지 않았습니다.

"그래, 독서 감상문은 다 썼냐?"

저녁때 퇴근해 돌아온 아빠가 물었습니다.

"쓰긴 썼는데요……."

병찬이는 머리를 긁적거렸습니다.

"마음에 들지 않는 모양이로구나."

"네."

"어디 보자."

아빠가 병찬이가 쓴 글을 들여다보았습니다.

"음. 그런 대로 읽을 만하구나. 여보, 이리 좀 와 봐요."

아빠가 엄마를 불렀습니다.

"왜요?"

주방에서 저녁을 하던 엄마가 나왔습니다. 아빠는 병찬이가 쓴 독서 감상문을 내밀었습니다.

"아이고, 나 바빠요. 글이나 읽고 있을 만큼 한가하지 않다고요."

그러면서도 엄마는 병찬이가 쓴 독서 감상문이 궁금

한지 처음부터 읽어 내려갔습니다. 엄마의 눈이 조금
씩 커졌습니다.
"제법인데?"
엄마가 힐끔 병찬이를 쳐다보며 한 마디 하였습니다.
"그렇지 여보? 우리 병찬이 글 실력이 이만 하면 괜
찮지?"
"가만 좀 있어 보세요. 아주 중요한 게 하나 빠졌어
요."
엄마가 말했습니다.
"그게 뭔데?"

"당신이 말해 보세요."

엄마가 읽고 난 글을 도로 아빠에게 주었습니다.

"뭐가 빠졌지?"

아빠의 눈이 원고지 위를 훑어 갔습니다. 그러더니 아무래도 모르겠다는 듯 고개를 갸우뚱거렸습니다.

"책을 읽게 된 동기도 들어갔고, 지은이 소개와 책을 펴낸 출판사 이름도 적었고, 간략한 줄거리에다 주요 등장 인물들도 적었고, 감동을 받은 곳까지도 적었는데……. 뭐가 빠졌다고 그래?"

아빠가 혼자 중얼거렸습니다. 엄마는 아빠가 그러는 모습이 우스운지 입을 가리고 낄낄거렸습니다. 병찬이도 우스워서 킥킥거렸습니다.

"에이, 모르겠다. 당신이 말해 봐요."

마침내 아빠가 두 손을 들고 말았습니다.

"뭐긴 뭐예요, 읽고 느낀 점이 빠졌잖아요."

"맞다, 맞아! 느낀 점이 빠졌다. 병찬아, 아주 중요한 것을 안 적었구나. 독서 감상문에서 가장 중요한 것은 느낀 점이다."

아빠가 목소리를 높여 말했습니다. 병찬이도 '느낀 점을 적어야지.' 라고 생각했으면서도 깜박했지 뭐예요.

"이제 보니 당신 글 보는 실력이 보통이 아니구먼."

아빠가 엄마를 쳐다보며 한 마디 하였습니다.

"그럼요. 이래 봬도 학교 다닐 적엔 학교 대표로 백일장에 여러 번이나 나가 상을 받았다고요."

엄마가 말했습니다.

"병찬아, 넌 뭘 하니? 어서 가서 마저 적지 않고. 이 책을 보고 뭘 느꼈는가를 적어 봐."

엄마가 병찬이를 보고 말했습니다.

"알았어요."

병찬이는 얼른 일어나 공부방으로 갔습니다. 그러고는 배를 쭈욱 깔고 엎드린 후 글을 더 써 넣기 시작했습니다.

삼국지를 읽고 나서 내가 느낀 점은 다음과 같다.

첫째, 사람은 높은 이상을 품어야 한다는 것을 배웠다. 가난한 시골에 살던 유비가 어지러운 세상을 구하기 위하여 가슴 속에 커다란 이상을 품었듯이 사람은 세상을 더 멀리 보고 큰 꿈을 지녀야 한다.

둘째는 성공한 사람들은 모두 어려운 역경을 지혜와 끈기로 헤쳐나갔다는 것을 알았다. 그 가운데서도 유비, 관우, 장비 의형제가 의리를 저버리지 않고 마음과 힘을 모아 역경을 헤쳐나가는 장면은 정말 사나이다웠고 멋있었다. 나도 앞으로 친구를 사귀면 그런 친구를 사귀고 싶다.

셋째는 남을 위해 봉사하는 정신을 배웠다. 특히 제갈공명의 몸을 돌보지 않는 봉사 정신은 눈물이 날 만큼 감동적이었다. 이런 신하를 둔 유비는 참 행복한 군주라는 생각을 했다.

나는 이번에 삼국지를 통해 많은 교훈을 배웠다. 이 교훈을 잊지 않도록 노력해야 할 것 같다. 그래서 이 사회에 꼭 필요한 사람이 될 것이다.

병찬이는 마침내 '끝' 자를 적었습니다. 그러고는 쪽수를 적었습니다. 모두 6장이었습니다.

병찬이는 자기가 쓴 것을 다시 한 번 찬찬히 읽어 보았습니다. 이제야 어느 정도 마음에 들었습니다.

그 때 엄마가 참외를 깎아 가지고 들어왔습니다.

"웬 참외예요?"

"웬 참외라니? 우리 병찬이가 독서 감상문을 쓰는데 엄마도 가만히 있을 수야 없지. 응원 나왔다."

"응원요?"

응원이라는 말에 병찬이는 웃음이 나왔습니다.

"다 썼니?"

엄마가 쟁반을 내려놓으며 물었습니다.

"엄마가 한 번 봐 주세요."

병찬이가 쓴 것을 내밀었습니다. 엄마가 찬찬히 들여다보았습니다.

"아주 잘 썼구나. 제갈공명 같은 신하를 가진 유비를 행복한 군주라고 생각한 부분이 특히 좋구나. 이 엄마도 삼국지에서 제일 재미있게 읽은 곳이 바로 유비를 도와 촉 나라를 세운 제갈공명 이야기였단다."

"엄마도 삼국지를 읽었어요?"

"그럼, 읽었고말고. 그것도 세 번이나 읽었단다."

"세 번씩이나요?"

병찬이는 입을 딱 벌렸습니다. 엄마가 다시 보였습니다.

여름 방학이 끝나고 개학이 되었습니다. 아이들은 방학 동안에 정성들여 준비한 과제물을 학교에 냈습니다. 병찬이는 금강산의 이름난 곳 적기, 경의선 역들의 이름 적기, 남북한 강과 산의 명승지 조사하기, 이 다음에 가고 싶은 곳 적기, 만나고 싶은 사람을 만나 이야기한 것 적기, 영화랑 연극 본 것 적기, 책 읽고 독서 감상문 쓰기 등을 빠짐없이 냈습니다.

선생님은 아이들이 낸 과제물을 하나하나 점검하고 그 소감을 적어 가정통신문과 함께 우편으로 보냈습니다.

그런데 학교에 낸 과제물 중에서 유독 독서 감상문
이 돌아오지 않았습니다. 병찬이는 뭐가 잘못됐나 싶
어 선생님께 여쭤 보았습니다.

"참, 이야기한다는 걸 깜박했구나. 병찬이 네가 쓴
글을 경기도 독서 감상문 쓰기 대회에 보냈단다."

선생님의 말에 병찬이는 '네에?' 하고 놀랐습니다.
왠지 부끄러워졌습니다.

그런데 그 일을 까맣게 잊어버린 어느 날, 병찬이는
선생님으로부터 느닷없이 축하를 받았습니다.

"독서 감상문 쓰기 대회 최우수상을 축하한다!"

선생님은 손을 내밀며 환하게 웃었습니다.

"네엣! 최우수상이라고요?"

"그래, 네가 쓴 감상문이 최우수상에 뽑혔단다. 방금 전화가 왔다. 병찬아, 뭘 하냐? 악수해야지."

선생님의 커다란 손이 병찬이의 손을 기다리고 있었습니다.

"고맙습니다, 선생님!"

병찬이는 자기도 모르게 '고맙다'는 말이 나왔습니다.

"고맙긴, 어서 집에 가거라. 부모님이 얼마나 좋아하시겠니."

아, 병찬이는 엄마의 얼굴을 떠올렸습니다. 엄마가 조언을 해 주지 않았다면 최우수상은 생각지도 못했을 것입니다. 병찬이는 선생님에게 인사를 하기가 바쁘게 집을 향해 뛰었습니다.

이 글을 쓴 선생님은요?

윤수천 선생님은 1974년 소년 중앙에 동화, 1976년에 조선일보에 동시가 당선되어 문단활동을 시작했습니다. 지은 책으로는 〈예뻐지는 병원〉 〈도깨비 마을의 황금산〉 〈난쟁이와 무지개 나라〉 〈은행나무 마을의 주먹코 아저씨〉 등이 있습니다.

'삼국지가 가져다 준 기쁨'을 읽고

　좋은 책을 고르는 법 중에는 '다른 사람이 추천하는 책과 고전으로 내려오는 책이 좋다' 는 내용이 있습니다. 다른 사람이 먼저 읽어 보고 좋다고 한 책이기 때문에 믿을 수 있으며, 오래 전부터 계속 읽혀진다는 것은 좋은 책이라는 뜻이지요. 이 두 가지에 다 해당하는 책이 삼국지입니다. 남자 어른들은 대부분 삼국지를 읽었다고 합니다. 병찬이 엄마는 여자인데도 세 번씩이나 읽었다고 하잖아요. 병찬이가 독서 감상문을 잘 써서 도 백일장에서 최우수상을 받은 것은 엄마가 느낌이 빠졌다고 지적해 준 덕분이지요.

　우리 친구들은 독서 감상문을 쓰라고 하면 줄거리만 잔뜩 쓴 다음 맨 마지막에 참 재미있었다든가, 나도 주인공처럼 착한 사람이 되겠다고 쓰는 경우가 많지요? 무엇이 재미있었는지, 주인공의 어떤 점을 본받고 싶은지, 나라면 그렇게 하지 않을 것 같다라든지, 자신의 소감과 의견이 들어 있도록 써야겠지요.

1 독서 감상문을 어떻게 쓸까요?

다른 글은 써야 할 중심생각이나 소재가 떠오르지 않으면 글을 시작하기 어렵지만, 독서 감상문은 이미 읽은 책에 대하여 쓰는 것이므로 반은 쓴 셈입니다. 읽은 책의 내용을 떠올리며 다음 순서대로 쓰면 됩니다.

(1) 제목을 정합니다.

제목을 정하는 방법에는 두 가지가 있습니다. 책의 이름을 그대로 쓰는 것과 독후감 쓰는 사람의 느낌을 넣어 새로 제목을 정하는 경우의 두 가지입니다.

예) ① 〈서유기〉를 읽고
　　② 의리의 사나이들
　　　 -〈서유기〉를 읽고-

(2) 책 소개를 합니다.

삼국지처럼 오래된 책은 여러 출판사에서 나올 수도 있으므로 어느 출판사에서 펴낸 누구의 번역인지, 지은이는 누구인지 책 소개를 먼저 하면 됩니다. 책을 처음 보았을 때의 인상이나, 읽게 된 동기를 써도 시작이 자연스럽답니다. 동기란 특별한 경우에 쓰는 것이므로 꼭 써야 한다는 규칙이 있는 것은 아닙니다.

예) 우리 집 책꽂이에는 계림닷컴에서 나온 〈서유기〉라는 책이 꽂혀 있었다. 지은이는 오승은이었다. 그런데 나는 〈서유기〉가 내가 잘 아는 손오공 이야기라는 걸 모르고 있었다. 아빠에게 듣고서야 손오공이 서유기라는 걸 알게 되었다. 중국의 명나라 때 있었던 일인데, 텔레비전에서 만화로 해 주는 손오공을 여러 번 보았으면서 그걸 몰랐던 것이다. 호기심에 책을 펴긴 했지만 만화로만 보았던 나는 지루하고 길게만 느껴졌다. 하지만 조금 더 읽다 보니 만화로 보았던 장면과 비교되어 상상되었으므로 나도 모르게 빠져들었다.

(3) 줄거리를 간추립니다.
만화영화나 비디오를 보고 친구에게 이야기하는 것처럼 중요한 사건을 중심으로 간추리면 됩니다. 줄거리를 간추릴 때 사건마다 느낀 점을 함께 말하면, 느낌이 많이 들어간 잘 쓴 독서 감상문이 됩니다.

예) 아주 오랜 옛날, 삼장법사가 명나라로 불법을 구하러 가는 도중 손오공을 만나고 다른 등장인물을 만나면서 이야기가 시작된다. 재미있었던 대목은 손오공이 굉장히 빠름을 자랑하며 힘껏 달려가 다섯 개의 커다란 기둥에 표시

를 하고 돌아왔는데, 그 커다란 기둥이 바로 부처님의 손가락이
란 것을 알게 되는 장면이었다.

(4) 읽으면서 생각한 것과 느낀 점을 씁니다.
줄거리를 다 쓴 다음에 느낀 점을 쓰려고 하면, 자세히 써
지지 않습니다. 중요한 줄거리마다 느낌을 붙이면 잘 써진
답니다.

예) 불법을 구하려는 삼장법사의 끈질긴 집념이 놀라울 정
　　도였다. 도중에 포기하려는 손오공이나 저팔계의 행동
　　을 볼 때, 그만 돌아와 버리면 어쩌나 하는 조바심이 들
　　었는데 끝까지 해내는 삼장법사님을 통해 끈기를 배울
　　수 있었다. 손오공이 머리에 씌워진 금테가 계속 조여들
　　어 머리를 몹시 아파하는 대목을 읽을 때는 내 머리도
　　아파 오는 것 같았다.

(5) 전체적인 느낌을 씁니다.
감동적인 대목마다 느낀 점을 썼더라도, 한 편의 글을 완성
하는 것이므로 책을 읽은 전체적인 느낌을 적습니다.

예) 책을 읽으면서 느낀 것은 역시 읽기를 잘 했구나라는 생
　　각이었다. 만화영화로 보았을 때 알지 못했던 새로운 것
　　을 많이 알았기 때문이다. 글자로 읽으니 머릿속으로는
　　장면이 화면처럼 떠올라 '책을 읽으면 상상력이 는다'는
　　말이 맞다는 걸 알 수 있었다.

2 어떤 책을 읽는 것이 좋을까요?

(1) 자기 수준에 맞는 책
너무 쉽거나 어렵지 않은 자기 수준에 맞는 책이라야 읽기
쉽고 읽은 보람을 느끼게 됩니다.

(2) 학교 공부에 도움이 되는 책
흥미 위주의 책은 읽을 때는 재미있지만 시간이 지나면 머리
와 가슴에 남는 것이 없으므로 자신에게 도움이 되지 않습니
다.

(3) 글이 쉽고 자세한 책
어려운 내용이라도 알기 쉽게 자세히 쓴 책이 좋은 책입니다.

(4) 너무 오래되지 않은 책
고전이라도 현재에 맞는 맞춤법과 활자 크기에 맞춰, 출판
한 지 얼마 되지 않은 책이 적당합니다.

(5) 명작으로 알려진 책
오래 전부터 알려져 온 것은 누구나 인정하는 책이므로 읽
기에 적당합니다. 짧은 기간에 유행을 따라 유명해진 책은
유행이 지나면 별 도움이 안 될 수도 있습니다.

아버지 이마에 얌체공

오랜만에 놀이동산에 갔다 왔어.

사실 그럴 만한 형편은 아니었지. 회사 일로 아버지 기분이 말씀이 아니었거든.

어머니는 '다음으로 미루는 게 좋겠어요.' 하셨지만 아버지는 '모처럼의 약속인데, 내가 좀 언짢다고 그럴 수는 없지 않소. 더구나 그저께가 어린이날이었는 데…….' 하고 우기셔서 이루어진 나들이였어.

물론 처음엔 나도 꽤나 마음이 쓰였지.

하지만 놀이 기구를 타기 위해 줄을 설 무렵에는 어

느 새 '룰룰루!' 콧노래가 나오는 건 어쩔 수 없더라
고.
　그 때 아버지가 소리치셨어.
　"고을아, 저기 봐, 저기! 바람도 없는데 하늘하늘,
　노란 꽃잎이 떠 가지 않니?"
　그러는 아버지의 얼굴이 눈에 띄게 밝아졌어.
　"어쩜! 아버지, 노오란 꽃잎이!"

가리키시는 아버지 손가락 끝쯤에서 하느작, 한 마
리 나비가 춤을 추고 있었어.
"참 귀엽지? 정말 예쁘구나! 가만 있자……"
아버지는 그 자리에 주저앉으신 채 만년필을 빼 드
셨어.

노란 꽃잎이
바람도 없는데
하늘하늘 떠 간다.

그 꽃잎은
하느님이 만드신 것 중에서
가장 귀여운 것.
가장 예쁜 것.

바람도 없는데
노란 꽃잎이
나풀나풀 떠 간다.

길가에 민들레가
방긋 웃는다.

(오순택 시인의 시 〈노랑나비〉)

“이렇게 금세 씌어지는 걸 그 날은 왜……?”

아버지는 낮게 중얼거리면서 얼굴을 찡그리셨어.

새삼스레 전날 일을 떠올리신 모양이었어.

있지, 어린이날 밤에 아버지는, 잡지사에서 청탁 받은 시를 쓰시느라 꼬박 밤을 새우셨어. 다음 날이 마감인데도, 그 동안 원고 준비를 전혀 못 하셨거든.

공교롭게도 수출 제품의 주문이 한꺼번에 쏟아져서, 보름 남짓 만에 그 먼 항구까지 열일곱 차례나 다녀오신 거야. 너도 알다시피 우리 아버진 트레일러를 운전하시잖니? 갈아입을 옷도 어머니가 회사로 가져다 드렸으니 그럴 만도 하지 뭐.

그렇잖아도 피곤하시던 터에, 한밤 내내 시에 매달리셨으니 견디시겠니?

다음 날 아침, 마지막 수출 물량을 싣고 항구로 가시는데, 눈꺼풀에 매달린 졸음을 도무지 떨칠 수가 없으시더래.

참다 못해 아버지는 차를 고속도로 갓길에 세우고 잠깐, 아주 잠깐만 눈을 붙이실 작정이셨대.

그런데 이를 어쩌니? 내리 세 시간을 주무시고 말았다지 뭐니. 당연히 항구엔 약속 시간까지 댈 수 없었고 아버지는 육 개월의 감봉 처분과 함께 시말서를 쓰시게 되었던 거야.

어쨌든, 큰일이지 뭐니? 한결 나아졌던 아버지의 표
정이 시를 떠올리면서 다시 구겨졌으니 말야.

머쓱해진 난, 아까 나비가 팔랑거리다 날아간 하늘
로 눈길을 보냈어. 그 곳에 하얗게 바랜 얼굴의 낮달
이 걸려 있었어.

'옳지!'

머릿속에 얼른, 아버지가 지으신 시 한 편이 떠오르
더라고.

"아빠, 저기 보세요! 저어기 혼자만 남은 술래!"

"응, 그래! 낮달이 여태 꼭지를 찾고 있구나."

"들어 보세요, 아빠."

1
꼬옥꼬옥숨어라옷자락이보인다
머리카락보일라꼬옥꼬옥숨어라

첫닭이 울면,

숨바꼭질하던 아이들

하나,

둘,

집으로 가고

――혼자만 남은 술래.

2
찾을까?…차즐까아?…차즈을까아?……
꼭지 하던 아이들, 이제
하나 없는데

쉬인 목소리, 희미한
그림자 남아

모오옷찾겠다, 꾀꼬오오오리……
──대낮이 되도록.

(송재진 시 〈낮달 이미지〉)

아버지는 당신이 지은 시를 외워 보이는 내 마음을
읽으셨는지,
"녀석도 참! 그래, 내가 이 맛에 산다!"
하시면서, 날 번쩍 안아 올리고는 까칠까칠한 수염
이 난 얼굴을 한참이나 내 볼에 비비시지 않겠니?
아버지의 얼굴이 어느 새, 장마비 끝의 하늘처럼 맑
고 밝아졌어.
우리 가족은, 번지 드롭·깜짝 깨비나라·후렌치 레
볼루션·독수리 요새 등의 놀이 기구를 찾아다니며
흥겨운 하루를 보냈어.

그런데 난, 꽃시계 앞에서 참으로 '기발한 생각'을 해냈단다.

그게 뭐냐고? 글쎄, 좀더 들어 봐.

우리 가족은 꽃시계를 뒤로 두고 한껏 멋들어진 몸짓으로 '찰칵! 찰칵, 차알칵!' 사진을 찍었어.

"여기를 보세요. 하나, 두울, 세엣!"

그 순간, 지나는 바람도 까치발을 디디며 가만가만 걸어가고, 불현듯 세상이 그대로 멈춘 듯 조용해졌어! 너도 그런 느낌 가져 본 적 있니?

바로 그 때였어, '웽웽웽, 웽웽웽웽웽, 웨애애애애 애애애앵, 웽!' 하고 벌떼들이 소리를 질러 댄 것은. 쏘일까 봐 겁이 버럭 나더라. 그런데 말이야. 아까 얘기했던 그 '기발한 생각'이 떠오르지 않겠니?

뭔데 그리 호들갑을 떠느냐고? 보채지 말고 조금만 더 들어 봐.

집으로 돌아온 나는 내 방의 알람시계를 들고 아버지가 다니시는 회사로 갔어. 그리고 아빠가 끄는 트레일러를 찾아 창문 위 손잡이에다 알람시계를 매달아 놓았지.

이제 알겠니? 태어나 처음으로 아버지께 효도 한 번 한 셈이지 뭐야.

'아버지는 이제 결코 시간을 놓치는 법이 없으실 거

야. 이만하면 어버이날 선물로도 다시 없을 테
고……'

근데 어쩌면 좋니? 물론 이런 결과를 가져오리라는
것은 꿈에도 몰랐지.

어제 저녁이었어. 회사에서 돌아오신 아버지 이마에
혹이 하나 달려 있지 않겠니? 철렁, 가슴이 다 내려앉
더라. 근데 화장실에서 나온 삼촌이 뭐라신 줄 아니?

"아니, 형님! 웬 훈장을 달고 오십니까?"

아버지는 혹이 생긴 이마를 문지르며 말씀하셨어.

"훈장? 하하하, 그래 맞다, 훈장. 우리 고을이가 달아 준 어버이날 훈장! 하하하하……."

아침에 아버지는, 차에 매달아 둔 알람시계를 보시고는 아주 행복하셨대! 마치 내가 하루 종일 곁에 앉아 지켜 보는 듯해서 그렇게 든든하고 편안할 수가 없으셨대. 그런데, 그런데 말이야.

"일요일이라, 일찌거니 회사로 돌아오는 참이었지. 그런데 회사 바로 앞 사거리 큰길로 일고여덟 살 남짓한 사내아이가 갑자기 뛰어들지 뭐냐. 깜짝 놀랐지. 재빨리 브레이크를 밟았기에 망정이지 큰일날 뻔했어. 알고 보니, 그 뭐라나, 요리조리 잔망스럽게 뛰어다니는 공……."

"아, 얌체공 말씀이신가요?"

삼촌이 나보다도 더 빨리 대답하셨어.

"그래그래, 얌체공! 세상에 그걸 주우려고 차도로 뛰어들었다지 뭐냐?"

"아니 형님, 그럼 그 아이가 얌체공은 안 찾아 갔나 보죠?"

"아니? 얌체공은 그 아이가 주워 갔지."

아버지의 대답에 삼촌은 한 술 더 뜨시더라고.

"그럼 형님이 이마에 달고 오신 그 얌체공은 웬 겁

니까?"

그러자 아버지는 일부러 울상인 내 얼굴을 뚫어져라
바라보시며 이렇게 말씀하시지 않겠니?

"이거? 아 글쎄 급브레이크를 밟는 순간, 고을이의
선물이 벌떡 일어나더니 '뻥!' 하고 한 방 갈기지 않
겠니?"

우리 가족 모두가 배꼽을 잡았지만, 나는 그럴 수가
없었어.

에구에구! 하필이면 어버이날에…….

쥐구멍이 아니라, 개미 구멍에라도 들어가고 싶더라.

근데 너라면 어쨌겠니?

송재진 선생님은 광주일보 신춘문예에 동시가 당선되어 문단에 나왔고, 한국아동문학신인상을 받았습니다. 지금은 한국어린이교육연구원에서 일하고 있습니다. 지은 책으로 〈하느님의 꽃밭〉〈꽃보다 더 아름다운 꽃 이야기〉〈신바람 나는 논리 · 토론 · 논술 열세 마당〉〈취직 작문과 자기 소개서〉 등이 있습니다.

'아버지 이마에 얌체공'을 읽고

　고을이는 정말 행복한 아이라고 생각되지요? 무엇을 보더라도 더 깊이 감춰진 마음의 눈으로 보시는 아버지가 계시니 말예요. 노란 나비가 바람도 없는데 떠다니는 노란 꽃으로 보이는 고을이 아빠의 마음 눈은 정말 멋있지요?

　마음의 눈이 없는 사람은 나비가 꽃으로 보이지 않잖아요. 좋은 동시를 지으려면 먼저 마음의 눈을 키워야 한답니다. 다른 사람이 하지 않은 기발한 생각을 하고 사물을 다른 무엇에 빗대어 볼 줄도 알아야 하지요. 밝은 대낮, 하늘에 희미하게 떠 있는 낮달을 보면서 밤새 숨바꼭질 하다가 집으로 모두 갔는데도 혼자 남은 술래라고 생각하는 상상력이 놀랍지요? 알람시계에 부딪혀 이마에 난 혹을 얌체공이라 생각하면 웃음부터 절로 나오지요.

　먼저 좋은 동시를 암송하면서 마음의 눈과 귀를 열면, 여러분도 멋진 동시를 쓸 수 있을 거예요.

1 동시란 무엇일까요?

(1) 짧은 글입니다.

동시는 연과 행으로 이루어진 짧은 글입니다. 아래 동시는
2연 8행으로 이루어진 글입니다.

〈보기〉　이슬은
　　　　밝음
　　　　한
　　　　알

　　　　이슬은
　　　　맑음
　　　　한
　　　　알

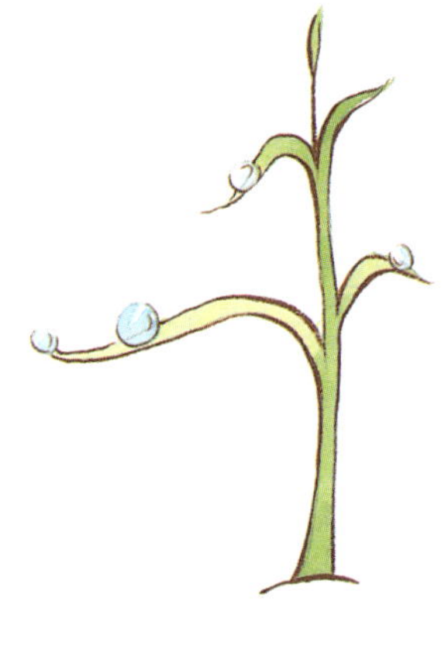

(문삼석 선생님의 〈이슬〉 중 일부)

위 동시에서 보듯이 14글자의 짧은 글 속에 말하려고 하는
내용이 모두 들어 있습니다. 이슬의 오롯한 모습과 맑음이 눈
에 훤하게 들어 있습니다. 이슬은 정말 어쩌고 저쩌고 늘어놓
는 긴 글보다 뜻이 잘 나타나 있습니다.

(2) 리듬(운율)감이 있는 글입니다.

동시는 글자 수가 일정하게 반복되거나 행이 짧아 노래처럼 리듬을 느낄 수 있습니다. 아래의 동시는 7·5조의 글자가 반복되어 리듬감을 느낄 수 있습니다.

〈보기〉
제목: 우리 학교 친구

아침마다 만나는
수줍은 친구
이름은 모르지만
반가운 친구

말은 서로 않지만
눈인사하며
즐겁게 보내자고
등교를 한다.

(3) 비유를 많이 합니다.

동시는 소리나 모양을 나타내는 말과 비유하는 말을 많이 사용합니다. 그래서 동시에는 재미있는 표현이 많이 들어 있답니다.

〈보기 1〉

좋아서 입이 크게 벌어진 동생의 모습을 하마 입이라고 비유했습니다. 하마 입이라는 비유 속에는 좋아하는 동생의 모습은 물론, 생일상이 잘 차려졌다는 뜻이 모두 포함되어 있습니다.

우와!
생일상 앞
내 동생
하마 입이다.

〈보기 2〉

단풍이 든 가을 산을 사람처럼 비유하여 '색동옷 샀나' 라고 나타냈습니다. 그 동안은 푸른 산이었는데, 갑자기 바뀌었으므로 새로 옷을 산 것에 비유한 것입니다.

알록달록 가을산
색동옷 샀나?

2 무엇을 쓸까요?

동시의 글감은 특별하여 찾기가 어렵다고 여기지만 그렇지 않습니다. 주위의 모든 것이 글감이랍니다. 다만 단순한 경험보다는 남과 다른 느낌과 생각을 해내는 지혜와 깊숙한 곳에

숨어 있는 것을 보는 눈, 들리지 않는 소리를 듣는 마음의 귀가 있으면 됩니다. 다른 사람의 동시를 읽어 보면 이런 것도 동시가 될 수 있구나라고 놀랄 때가 있을 것입니다. 아주 작고 사소한 사물이나 동식물, 날마다 보는 구름과 자신의 감정도 글감이 됩니다.

   (1) 생활 속에서 : 가족, 친구, 학교, 청소시간, 놀이터, 숙제, 손님, 시장, 외출, 봉사.

   (2) 사물에서 : 학용품, 옷, 음식, 시계, 달력, 자전거, 의자, 바늘, 사다리, 장갑, 신발.

   (3) 자연현상에서 : 해, 구름, 별, 비, 눈, 바람, 안개, 소나기, 천둥, 무지개, 동식물.

   (4) 느낌에서 : 아름다움, 미움, 분노, 기다림, 기쁨, 슬픔, 놀람, 고마움, 경이로움, 감각.

진돌아

명식이와 싸우고 싶으면 '진돌이는 똥개다!' 라고 말하면 됩니다.

명식이는 진돌이를 진돗개라고 주장하지만 진돌이는 진돗개다운 데가 별로 없는 개입니다. 진돗개라면 두 귀가 위로 쫑긋 서 있어야 하고, 꼬리는 위로 도르르 말려 있어야 하지요. 그런데 진돌이는 두 귀가 앞으로 꼬부라져 있고, 꼬리는 뒤로 쭉 뻗어 있습니다.

더구나 진돗개라면 모르는 사람이 집에 들어올 때 멍멍 짖어야 하는데, 진돌이는 바로 앞집에 사는 나를

볼 때마다 짖어 댑니다.

나는 특히 그 점이 똥개라는 증거라고 생각합니다.

그런데 명식이는 내가 똥개라고 주장하는 바로 그런 점들 때문에 진돌이가 진돗개 순종이라고 주장합니다.

"무식한 소리 마. 진돗개는 집 지키는 개와 사냥하는 개, 두 종류가 있는데 집 지키는 개는 꼬리가 도르르 말리고, 사냥하는 개는 꼬리가 뒤로 쭉 뻗어 있어. 그러니까 진돌이는 진돗개 중에서도 사냥하는 개 종류야."

"진돗개면 왜 귀가 축 늘어져 있니?"

"귀가 서지 않은 것은 진돌이가 아직 강아지이기 때문이지."

"태어난 지 일 년이 넘는 개를 강아지라고?"

"겨우 한 살이면 강아지지. 넌 한 살 때 아기가 아니었니?"

"사람하고 개하고 똑같니? 그리고 진돗개면 똑똑해야지. 멍청하게 왜 날마다 보는 나를 보고 짖는 거야?"

"진돌이가 너를 보고 짖는 건 네가 수상한 녀석이기 때문이야."

'나처럼 착하고 정직한 사람을 수상하다고?'

나는 화가 나서 진돌이를 걷어찼습니다.

"이 바보 개야, 똑똑히 봐! 나 같은 사람이 착하고 정직한 사람이야."

"멍멍멍!"

진돌이는 나를 물 것처럼 허연 이를 드러내며 더 큰 소리로 짖어 댔습니다.

"진돌아, 그러지 마."

명식이가 등을 툭툭 두드리자 그렇게 짖어 대던 진돌이가 짖기를 그쳤습니다. 그러나 여전히 수상하다는 듯이 나를 흘금흘금 쳐다보았습니다.

주인 말만 잘 듣는 진돌이가 얄밉기도 하고, 그런 진

돌이를 가지고 있는 명식이가 부럽기도 했습니다. 그래서 나는 우리 개 예뻐를 명식이 몰래 훈련을 시키기로 했습니다. 예뻐는 명식이네 진돌이에 비하면 몸집이 삼분의 일 정도밖에 안 되는 작은 개지만, 하얀 털이 복실복실하고 무척 영리합니다.

"예뻐야, 이리 와. 너 과자 좋아하지? 내 말 잘 들으면 이 과자 한 봉지 너 다 줄게."

내가 과자를 준다고 하니까 예뻐는 까만 두 눈을 반짝이며 꼬리를 흔들다 못해 온몸을 흔들어 댔습니다. 나는 얼른 과자를 하나 입에 넣어 주고 머리를 쓰다듬으며 말했습니다.

"예뻐야, 꼬리는 나한테만 흔들고, 명식이가 오면 멍멍 짖어. 알았지?"

예뻐는 내가 과자를 주니까 아삭아삭 먹고 또 달라고 깡충깡충 뛰었습니다. 나는 과자를 하나씩 줄 때마다 명식이가 오면 꼬리를 흔들지 말고 멍멍 짖으라고 단단히 일렀습니다. 그렇게 과자를 두 봉지나 주면서

훈련을 시키고 '이젠 됐다. 명식이 녀석, 어디 와 봐
라.' 하고 단단히 벼르고 있었습니다.

그런데 그 날 저녁 때 명식이가 오니까 예삐는 반갑
게 꼬리를 흔들며 뛰어나가는 겁니다.

"아이고, 과자가 아깝다!"

나는 속이 타서 예삐를 콱 쥐어박았습니다. 그랬더
니 예삐는 나를 보면 슬금슬금 눈치를 보면서 꽁무니
를 빼고, 명식이가 오면 반갑다고 얼른 달려나갔습니
다.

"진돌이 같은 개가 있으면 얼마나 좋을까?"

난 크고, 말 잘 듣고, 또 용감한 진돌이를 갖고 있는
명식이가 부러워 죽을 지경이었습니다. 하지만 자존
심 때문에 부러운 눈치를 보일 수는 없고 그래서 '진
돌이는 똥개다'라고 놀렸습니다. 그랬더니 명식이가
도끼눈을 하더니 덤벼들었습니다.

"말 못 하는 짐승이라고 함부로 말하지 마!"

"어때, 똥개보고 똥개라고 하는데."

나도 지지 않으려고 큰소리쳤습니다.

"이 자식!"

명식이가 차돌같이 단단한 주먹을 내 얼굴을 향해
날렸습니다. 눈에서 불이 번쩍 났습니다. 순한 명식이
가 주먹질을 할 줄은 꿈에도 몰랐는데, 내 눈자위는

금방 퉁퉁 부어 올랐습니다.

"명식이 엄마, 이것 좀 보세요."

우리 엄마가 나를 데리고 명식이 엄마에게 갔습니다.

"아이고, 어쩌나! 큰일날 뻔했네. 내 이 녀석을!"

명식이 엄마는 미안해서 쩔쩔매더니, 명식이를 붙잡아서 퍽 소리가 나게 등을 때려 주었습니다. 그리고 냉장고에서 달걀을 하나 꺼내 오셨습니다.

"이걸로 문질러 봐."

나는 명식이 엄마가 주신 달걀로 퉁퉁 부은 눈자위를 슬슬 문질렀습니다. 그런데 시간이 지날수록 눈자위가 시퍼렇게 변하더니, 마침내 먹물을 듬뿍 찍은 붓으로 눈가를 둥그렇게 그려 놓은 듯이 시커멓게 변하고 말았습니다.

나는 명식이네 대문 앞에서 보란 듯이 달걀로 눈자위를 문질러 댔고 명식이는 날 보면 고개를 푹 숙였습니다.

며칠 후, 명식이네는 진돌이를 시골 큰댁에 보냈습니다.

"개가 크니까 짖는 소리도 시끄럽고, 동네 아이들도 조심스럽고 해서 과수원에서 기르라고 큰댁에 보냈어요."

　명식이 아버지가 진돌이를 하얀 트럭에 태우고 가는 걸 보고 우리 엄마가 미안해하자 명식이 엄마가 속이 시원하다는 듯이 말했습니다. 하지만 명식이는 저희 엄마 뒤에서 나에게 소리 없이 주먹을 흔들어 보였습니다. 나도 미안하고 후회가 되었습니다. 그래서 명식이가 때리면 말없이 맞아 주어야겠다고 생각했습니다.

　그런데 한 달쯤 지났을 때, 명식이네 큰댁에서 진돌이가 죽었다는 전화가 왔습니다.

　"진돌이가 죽었다고요?"

　그렇게 건강하고 팔팔하던 진돌이가 죽었다니 믿을
수 없었습니다.

　큰댁 과수원에 간 진돌이는 사과나무 밑에서 쿨쿨
잠만 잤다고 합니다. 그러다가 하얀 트럭만 보면 멍멍
짖어 대곤 했답니다.

　어느 날 사과장수가 하얀 트럭을 몰고 사과를 사러
왔다가 돌아가는 도중에 무심코 뒤를 보니 웬 개가 따
라오고 있더랍니다. 조금 따라오다가 말겠지 했는데
몇십 리를 계속 따라왔답니다. 이상한 생각이 들어서
차를 세우니까 개가 입에 거품을 물고 털썩 주저앉더
랍니다. 그리고 다시 차를 출발시키니까 개가 또 따라
오더랍니다.

　"이 개가 왜 나를 따라오지?"

　사과장수가 가만히 생각해 보니 과수원에서 본 개인
것 같은데, 왜 자기를 따라오는지 알 수가 없어 휴대
전화로 과수원에 전화를 했답니다.

　"우리 작은아버지 차인 줄 알고 따라간 모양입니다.
미안하지만 개를 좀 데려다 주실 수 있습니까?"

　"그러지요."

　사과장수는 차를 돌려서 다시 과수원으로 갔답니다.
진돌이도 차를 따라 과수원으로 돌아갔습니다. 그런
데 트럭이 다시 떠나려 하자 트럭 밑으로 들어가서 나

오지 않더랍니다. 그리고는 마치 자기를 버리고 가려
는 주인에게 날 데려가 달라는 듯이 어웅어웅 울더랍
니다.
　그래서 사과장수가 차에서 내려서 진돌이에게 얼굴
을 보이며,
　“얘, 난 네 주인이 아니다. 이 다음에 네 주인이 오
거든 따라가거라. 난 바빠서 이만 가야겠으니 어서
나오너라.”

하고 말하니까 진돌이가 차 밑에서 뛰어나와 사과장수를 물듯이 길길이 뛰더랍니다. 사과장수는 그만 놀라서 차를 몰고 달아나 버렸고, 일꾼들이 겨우겨우 진돌이를 붙잡아 사과나무에 묶어 놓았답니다.

"그 날부터 밥도 잘 안 먹고 시름시름 앓더니 사흘째 되는 날 아침에 보니까 죽어 있더란다."

명식이 엄마가 명식이 등을 쓸어 주면서 말했습니다.

"진돌아!"

명식이는 털썩 주저앉아 목을 놓아 울었습니다.

나는 울 체면도 없어 뒤란에 가서 장독대에 앉아 소리도 못 내고 울었습니다.

"진돌아, 진돌아!"

이 글을 쓴 선생님은요?

김숙희 선생님은 1979년 교육방송에 라디오 극본이 당선되어 작가가 되었으며 계몽어린이문학상을 수상했습니다. 지은 책으로는 〈동석이와 자전거〉〈별일 없었어요〉〈열세 살의 비밀일기〉〈보름달 도둑〉〈씨큐 응답하라 오버〉〈이건 꿈일 거야〉〈박물관에서 훔친 차〉〈밍크와 진주〉 등이 있습니다.

'진돌이'를 읽고

　　자기네보다 친구네 강아지가 영리하고 좋은 품종이면 누구나 부러울 거예요. 이 글의 주인공도 예삐보다 영리한 명식이네 진돌이를 부러워하면서 겉으로는 똥개라고 놀렸어요. 그 때문에 자주 싸웠는데 진돌이가 명식이네 시골 큰집으로 보내졌다가 죽고 말았어요. 죽은 이유가 너무 가슴 아프지요? 진돌이는 한 번 주인은 영원한 주인으로 여기는 진돗개였나 봅니다. 명식이네 집으로 돌아가려고 자기를 싣고 온 차와 같은 하얀 트럭만 보면 발버둥치기까지 했어요. 그런데 주인을 찾아 돌아갈 방법이 없자 밥도 안 먹고 시름시름 앓다 죽었다니 얼마나 슬퍼요! 명식이뿐만 아니라 주인공도 몰래 운다는 끝 부분이 가슴 뭉클하지요?

　　이 이야기처럼 여러분도 생활 속에서 이런 특별한 경험을 했거나 들은 이야기가 있으면 생활문으로 쓸 수 있답니다. 자기가 겪은 일을 이야기하듯이 쓰는 글이 생활문이니까요.

생활문 어떻게 쓸까요?

1 생활문이란 무엇일까요?

우리의 생활 속에서 경험하고 느끼고 생각하며 얻은 기쁨이나 슬픔, 감동을 이야기해 주듯 쓴 글이 생활문입니다. 날마다 여러 사건을 겪으면서 생활하기 때문에 글감은 무수히 많다고 할 수 있습니다.

2 생활문의 짜임을 알아볼까요?

생활문의 짜임은 보통 4단계로 나뉘는데, 각각의 단계를 '진돌이'에서 함께 찾아 보면 다음과 같습니다.

(1) 발단
이야기가 시작되는 부분입니다.

예) 명식이네 개 진돌이에 대한 생각은 명식이와 주인공인 내가 서로 다르다. 명식이는 진짜 진돗개라고 하고, 나는 똥개라고 우긴다.

(2) 전개

사건이나 이야기가 펼쳐져 있는 부분입니다.

예) 명식이는 진돗개임을 우기고 나는 똥개임을 증명하기
위해 말싸움을 벌인다. 그러나 속으로는 속상하다. 진돌
이는 명식이의 말을 잘 듣는데 내 개는 아무리 훈련을
시켜도 되지 않기 때문이다. 진돌이를 계속 똥개라고 놀
리던 나는 명식이의 주먹에 맞고 눈이 퍼렇게 멍이 든
다. 명식이네는 미안해한다.

(3) 절정

일어난 사건의 고비로서, 읽는 사람이 조바심을 가지고 궁
금해하던 결과가 밝혀지면서 감동을 느끼는 곳입니다.

예) 진돌이는 하얀 트럭에 실려 시골에 있는 명식이 큰댁으
로 보내진다. 그런데 한 달 후 진돌이가 죽었다는 소식
이 날아온다. 죽은 이유가 가슴을 뭉클하게 한다. 하얀
트럭을 보고 발버둥치며 따라가려 했지만 명식이 아버
지 차가 아닌 걸 알고 밥도 안 먹고 시름시름 앓다가 죽
었다는 것이다.

(4) 결말

사건이 모두 해결되어 끝을 맺는 부분입니다.

예) 진돌이의 죽음을 전해 들은 명식이가 목놓아 울자, 주인
공인 나도 몰래 숨어서 운다.

3 생활문을 쓰는 차례를 알아볼까요?

(1) 주제나 소재를 정합니다.

글을 쓸 때 '무엇을'에 해당하는 것이 주제나 소재(글감)입니다. 주제를 정한 다음 거기에 맞는 글감을 정할 수도 있지만, 글감을 먼저 고른 다음 적당한 주제를 정할 수도 있습니다. '진돗개의 일편단심'을 쓰려고 했다면 주제를 떠올린 것이며, '옆집 개 진돌이가 죽은 이야기'를 떠올렸다면 소재를 생각한 것입니다. 진돌이 이야기로 명식이와의 우정을 말하고 싶었다면 우정이 주제인 것이죠.

(2) 개요를 짭니다.

발단, 전개, 절정, 결말 부분에 각각 뭘 쓸 것인지 간추려서 한 문장 정도로 적습니다. 전개 부분에는 몇 가지의 작은 사건을 쓰면 됩니다.

(3) 자세히 씁니다.

개요표에 짠 이야기를 차근차근 연결하여 자세히 씁니다. 대화체도 넣고 꾸미는 말도 넣어서 씁니다. 사건을 머릿속에 떠올리며 실감이 나게 쓰도록 합니다.

(4) 꼼꼼히 다듬습니다.

처음부터 꼼꼼하게 읽어 보면서 이야기를 다듬습니다. 이야기가 너무 간단하지 않은지, 문법에 맞는지, 어색한 표현은 없는지 찾아서 고칩니다.

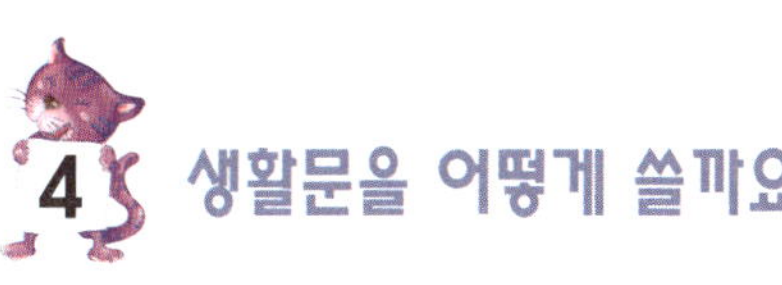

생활문을 어떻게 쓸까요?

(1) 경험한 것을 솔직하게 씁니다.

자기가 겪은 일 중에서 부끄러운 일이라도 솔직하게 씁니다. 주인공은 명식이네 진돌이를 똥개라고 놀리지만, 자신의 개 예삐가 훈련을 시켜도 잘 되지 않아 화가 나는 것을 숨기지 않고 썼답니다.

(2) 사건을 중심으로 씁니다.

자기가 경험한 것을 이야기 들려 주듯 쓰는 것이 생활문입니다. 아무 사건도 없는 평범한 이야기를 하면 듣는 사람이 흥미를 갖지 않습니다.

진돌이가 시골 큰댁으로 보내진 부분까지만 쓴다면 별로 중요한 이야기가 아닙니다. 명식이네 집으로 돌아가기 위하여 하얀 트럭만 보면 발버둥을 치다가 도저히 돌아갈 방법이 없자, 밥도 안 먹고 시름 시름 앓다가 죽은 이야기이기 때문에 사건이 있는 글이 되는 것입니다.

(3) 자기의 생각과 느낌을 씁니다.

일어난 일을 설명하듯이 써 내려가면 자기만의 생활문이라고 할 수 없습니다. 그 사건을 본 사람이면 누구나 쓸 수 있기 때문이죠. 자기의 생각과 느낌이 들어 있도록 써야 합니다. 그래서 주인공의 느낌이 살아 있는 '진돌이가 죽었다는 소식을 들었을 때, 울 체면이 없어 몰래 숨어서 울었다.'는 부분이 더 감동인 것이랍니다.

아름다운 꼴찌

"현수야, 얼른 서둘러. 마라톤 대회에 가야지."

재촉하는 엄마의 목소리가 들리고서도 한참 지나서야 현수는 느릿느릿 이불 속에서 기어 나왔다.

'죽어도 못 한다고 할걸.'

이런 생각을 하며 현수는 식탁에 앉았다.

"얼른 서둘러라. '남아일언중천금' 이라고 했어. 사나이가 한 번 한다고 했으면 죽이 되든 밥이 되든 하는 거야."

아빠도 한 마디 거들었다. '남아일언중천금' 은 아빠

가 단골로 쓰는 말인데 '남자는 자기가 한 말에 책임을 져야 한다' 는 뜻이다.

현수는 식탁에 앉아서도 내내 투덜댔다.

마라톤? 마라톤이라니? 100m 달리기도 싫은데 마라톤이라니? 생각만 해도 다리가 후들거렸다.

"반 전체가 참여하는 마라톤인데 너만 빠지면 안 되잖아. 선생님이 그러셨다며? 한 명이라도 빠지면 대회에 참가할 수 없다고."

엄마는 식탁을 차리며 내내 마라톤 얘기만 했다.

엄마와 아빠가 뭐라고 말해도 달리는 건 정말 질색이다.

현수네 반은 꼴찌반이다.

3월 진단평가에서도, 4월 과학의 달을 맞이해 벌인 각종 대회에서도, 5월에 있었던 학년별 체육대회에서도, 6월에 있었던 '퀴즈왕을 뽑아라!' 대회에서도, 그리고 9월에 있었던 수학경시대회에서도, 또 지난 10월에 있었던 민속놀이에서도 현수네 반은 꼴찌였다.

다른 반 아이들은 현수네 반을 '모래반'이라고 불렀다. 모래처럼 뭉치지 못하고 흩어진다는 뜻이었다.

그러던 어느 날, 선생님이 단호하게 선포하였다.

"다음 달 첫째 주 일요일에 우리 고장을 한 바퀴 도

는 단축 마라톤 대회가 열린다. 그래서 우리 반 모두
단축 마라톤 대회에 참가하기로 했다.”
“와, 신난다!”
역시 제일 좋아하는 건 달리기를 잘하는 경민이었
다.
선생님의 말에 현수를 비롯한 몇몇 아이들이 울상을
지었다. 하지만 아무도 싫다는 소리를 하지 못했다.
선생님의 의도를 알기 때문이었다. 협동이 안 되는

반, 뭉치지 못하는 반, 그런 반을 어떻게든 변화시켜 보려는 선생님의 뜻을 짐작했기 때문이었다.

마라톤 대회를 앞두고 아이들은 매일매일 운동장을 열 바퀴씩 돌았다.

그리고 드디어 마라톤 대회 날이 돌아왔다.

하늘은 푸르기만 했고 구름 한 점 없이 맑았다.

"이럴 때 비가 오면 얼마나 좋아? 하늘아, 너도 내 편이 아니구나."

현수는 애꿎은 하늘을 보고 눈을 흘겼다.

학교 운동장에는 사람들이 잔뜩 모여 있었다. 온 동네 사람들이 다 모인 것 같았다. 아저씨, 아줌마, 대학생들 속에 할아버지, 할머니의 모습도 보였다. 초등학생은 현수네 반 아이들뿐이었다.

"너희들도 마라톤에 출전하냐? 정말 대단한데!"

대학생 형들이 한 마디씩 했다.

"오늘의 목표는 우리 반 전원이 끝까지 뛰는 거다."

하얀 운동복을 입은 선생님이 씩씩하게 말했다.

"선생님도 뛸 거예요?"

경민이의 물음에 선생님이 큰 소리로 대답했다.

"물론이지! 너희들, 나를 왕따 시키려고 하는구나. 그렇지만 천만에, 난 결코 왕따 당하지 않아."

"와, 우리 선생님 멋쟁이!"

아이들이 함성을 지르며 손뼉을 쳤다.

"치, 이건 민주주의가 아니야. 억지로 참가하는 게 뭐가 민주주의야?"

현수는 볼멘소리로 투덜거리며 눈으로 참가자를 헤아려 보았다. 대충 백여 명이 넘었다.

"자, 출발!"

출발 신호에 따라 사람들이 우르르 몰려 나갔다.

아무리 단축 마라톤 대회라지만 마라톤은 마라톤이

었다. 차츰 시간이 흐르자 달리기를 포기하고 주저앉는 사람들이 서서히 생기기 시작했다.

현수네 반 아이들은 중간 앞쪽에서 달리고 있었고 현수 혼자서만 대열의 맨 끄트머리에서 헤매고 있었다.

"해안도로 끝에 있는 운전면허시험장이 반환점입니다."

대열 끄트머리에서 쫓아오는 자동차의 확성기에서 흘러 나오는 소리였다.

'어이구, 죽겠다! 어떻게 해야 하지? 지금 그냥 포기했으면 좋겠는데.'

현수는 달리는 내내 이 생각을 하였다.

현수네 반 아이들은 거의 다 반환점을 돌았다. 이 마라톤을 위해 체육시간이면 운동장을 돌고, 돌고, 또 돌았던 아이들이었다. 현수는 늘 눈치를 보며 달리는 척하다 슬쩍 뒤로 빠지곤 했었다.

반환점에 도착하지도 않았는데 현수는 숨이 턱까지 차 올랐다.

'헉헉! 할 수 없어. 포기하는 수밖에.'

이런 생각을 하자 마음이 편해졌다. 현수가 땅바닥에 누우려는 순간이었다.

반환점을 돌아 한참 멀어졌던 아이들이 다시 돌아오

고 있었다.

"현수야, 같이 달리자. 포기하면 안 돼. 우리는 오늘
다 같이 성공해야 해."

"너희들이나 완주해. 나는 오늘 이 마라톤 대회에
참가하는 것으로 족하니까."

현수가 벌컥 짜증을 냈다.

그러자 경민이가 소리를 버럭 질렀다.

"방귀 뀐 놈이 성낸다더니, 나 참 기가 막혀서. 난
등수 안에 들 수도 있는데 너 때문에 천천히 뛰는 거
야."

"……."

현수는 할 말을 잃었다. 할 수 없이 떨어지지 않는
발걸음을 겨우겨우 한 걸음씩 떼어 놓았다.

"현수야, 힘내!"

선생님의 목소리가 바로 뒤에서 들렸다.

"우리는 할 수 있어! 현수, 너도 할 수 있어!"

아이들이 큰 소리로 외쳤다.

현수는 이제 달리는 게 아니고 걷고 있었다. 마치 발
바닥에 강력 접착제가 붙어 있는 것 같았다. 이제 주
위에는 사람들이 별로 없었다. 이미 포기할 사람들은
다 포기하였고, 잘 달리는 사람들은 거의 도착점에 도
착했기 때문이었다.

　시간이 오래 지났지만 아이들은 현수를 둘러싸고 계속 달리고, 아니 걷고 있었다.
　이 광경을 의아한 눈초리로 구경을 하던 사람들이 손뼉을 치기 시작했다.
　"달려라! 달려라! 끝까지 달려라!"
　"일등이 아니면 어때! 꼴찌도 좋아!"
　사람들이 한 목소리로 현수네 반 아이들을 응원했다.

"현수야, 이제 거의 다 왔어."

"저기 도착점이 보인다."

아이들의 목소리에 현수는 정신이 번쩍 들었다.

"그래, 알았어. 힘낼게."

현수는 비척비척 발걸음을 옮겼다. 젖 먹던 힘까지 다 내었다.

드디어 출발점에 도착하였다.

"와, 만세! 드디어 해냈다."

반 아이들이 두 손을 번쩍 들고 팔짝팔짝 뛰었다.

"나 때문에 너희들……."

현수는 더 이상 말을 잇지 못했다. 순위권 안에 들 수도 있었던 아이들도 현수 때문에 모두 꼴찌를 한 것이다. 달리기라면 질색을 하는 현수가 마라톤, 비록 단축마라톤이긴 하지만 결승점까지 오다니, 이건 기적이 아닐 수 없었다.

"만세! 꼴찌반 만세!"

아이들이 두 손을 번쩍 들고 외쳤다.

그 날 저녁, 일기를 쓰면서 현수는 처음으로 가슴이 벅차오르는 느낌을 받았다. 여태까지는 일기를 그냥 형식적으로 검사 받기 위해서, 공책을 메우는 기분으로 썼는데 오늘은 정말 달랐다.

11월 3일(일요일) 날씨 : 구름 한 점 없는 맑은 날.

　난……, 정말 마라톤 대회에 나가기 싫었다. 반 아이들이
모두 나가야 하기 때문에 억지로 나간 것이었다. 그런데
난 끝까지 달렸다. 이건 정말 기적이다.
　나는 여태까지 그렇게 오랫동안, 끝까지 달려 본 적이 없
었다. 내가 끝까지 달렸다는 게 정말 믿어지지 않는다.
　결승점에 도착했을 때의 그 기분이란! 어떤 어려움이 닥
쳐도 다 헤쳐나갈 것 같은 자신감이 생겼다. 아마 달려 보

지 않은 사람은 이해하지 못할 것이다. 그리고 내가 끝까지 달릴 수 있었던 건, 우리 반 아이들이 옆에서 같이 달려 주었기 때문이다.

혼자 달려야 하는 외로운 마라톤에서, 하기 싫어서 억지로 참가한 마라톤에서, 꼴찌이긴 하지만 끝까지 달려서 결승점에 도착했다는 사실은 앞으로 영원히 내 가슴에 남아 있을 것이다.
우리는 꼴찌였지만 이 세상에서 가장 아름다운 꼴찌였다.
우리 반 아이들아, 고맙다! 그리고 선생님, 고맙습니다!

안선모 선생님은 1992년 월간아동문예에 동화가 당선되어 작품활동을 시작했습니다. 지금은 인천중앙초등학교에서 아이들을 가르치고 있으며 〈무지갯빛 신호등〉〈힘센 수탉을 이긴 개똥이〉〈지구를 굴리는 쇠똥구리〉 등 많은 책을 썼습니다.

'아름다운 꼴찌'를 읽고

　항상 꼴찌인 현수네 반이 우리 고장 한 바퀴 마라톤에 참가하여 한 명도 탈락하지 않고 끝까지 달린 흐뭇한 이야기였어요. 현수네 반 친구들이 자랑스럽지요? 현수를 기다리지 않고 달렸다면, 마라톤 대회에서 상을 주는 등수 안에 들었을 텐데 포기하려는 현수를 끝까지 완주시키기 위해 함께 달려 주었으니 말예요. 마라톤이란 등수 안에 드는 것도 중요하지만 끝까지 포기하지 않는 것도 중요하답니다.

　여러분이 일기를 쓰는 것도 마찬가지예요. 잘 쓰는 것도 좋지만 하루하루 빠뜨리지 않고 솔직하게 쓰는 것이 더 소중하거든요. 항상 특별한 일이 있는 것은 아니므로 글감이 없다고 불평하고 있나요?

　마라톤에 참가하지 않고 구경만 했더라도 일기를 충분히 쓸 수 있어요. 하루 동안 보고 듣고 한 일을 그대로 쓰면 된답니다.

일기 어떻게 쓸까요?

1 일기란 무엇인가요?

하루 동안 자기가 한 일, 본 일, 들은 일, 생각하고 느끼며 깨달은 일을 그날 그날 적은 글입니다.

2 일기는 왜 쓸까요?

거울을 자주 보는 사람은 안 보는 사 람보다 깔끔합니다. 얼굴에 뭐가 묻었나 관찰할 수 있으며 자신의 표정을 밝고 아름답게 고치기도 하고, 헝클어진 머리 도 매만지기 때문입니다.

거울에 자신의 모습을 비춰 보는 것처 럼 마음을 비춰 보는 거울이 바로 일기입니다. 친구와 싸운 날 일기를 쓴다고 가정해 보면 알 수 있습니다. 일기장을 펴고 앉 아, 싸운 원인과 과정, 결과를 돌이켜 보면 반성을 하게 됩니 다. 그러면서 사고력이 길러짐은 물론 참된 사람이 될 수 있는 것입니다. 일기를 쓰면서까지 친구를 나쁘게 욕하고 계속하여 못 살게 굴겠다거나 비뚤어진 행동을 하겠다고 결심하는 사람

은 없습니다. 쓰는 동안 마음을 가다듬고 맑은 정신으로 성장
하기 때문에 일기는 마음을 멋지게 만드는 거울인 것입니다.
그래서 거울을 보는 것처럼 일기를 써야 합니다.

3 일기를 어떻게 쓸까요?

(1) 그날 그날 씁니다.

일기는 하루 동안의 일을 쓰는 것이므로 습관을 들여서 매일
쓰는 것이 좋습니다. 어제의 식사를 오늘 먹지 않듯이, 그리
고 오늘 다친 곳을 내일까지 내버려 두지 않는 것처럼 말입
니다.

(2) 한 가지 글감으로 자세하게 씁니다.

하루 동안에 한 일은 여러 가지입니다.
그렇더라도 중요한 일을 한두 가지만
골라 자세히 쓰는 것이 좋습니다. 여러
가지 이야기를 다 쓰려고 할수록 길게 써지지 않고 재미없
는 일기가 되고 맙니다. 자기의 느낌이나 생각을 빠뜨리고
간단 간단히 쓰게 되기 때문입니다.

(3) 솔직하게 씁니다.

일기의 생명은 솔직함입니다. 거울을 들여다보고 있을 때,
누군가 옆에서 본다고 하여 얼굴에 묻은 걸 안 묻었다고 할
수 없을 것입니다. 자기의 마음을 닦는 일이기 때문에 솔직
하게 써야 하는 것입니다.

(1) 자기가 한 일, 본 일, 들은 일을 씁니다.

예) 학교에서 돌아오니 엄마가 심부름을 시키셨다. 가게에
가서 고무장갑을 사 오라고 하셨다. 가게로 가는데 수영
이가 화단에서 불렀다.
"기훈아, 이리 와 봐."
"왜?"
가까이 가 보니 가는 막대기로 뭔가를 건드리며 들여다
보고 있었다. 달팽이였다.
"이거 우리 엄마가 잡아 줬어."
"어디서?"
"엄마가 사온 배추에 붙어 있었어."
수영이랑 달팽이만 보며 놀고, 심부름 가는 것을 잊고
있다가 엄마에게 야단 맞았다.

(2) 생각과 느낌을 씁니다.
앞의 일기를 읽어 보면 한 일, 본 일, 들은 일이 빠짐없이
들어 있습니다. 내용도 자세히 쓴 편입니다. 하지만 어쩐지
잘 쓴 일기라는 느낌이 들지 않습니다. 왜 그럴까요? 일기
를 자세히 살펴보면 자기의 생각과 느낌이 전혀 없다는 걸
알 수 있습니다. 심부름을 할 때 가기 싫었는지, 달팽이를
볼 때 기분은 어떠했는지 전혀 들어 있지 않습니다. 엄마께
꾸중을 들을 때 슬펐는지, 달팽이가 귀여웠는지 등의 자기

생각이 들어 있지 않기 때문입니다. 이렇게 쓰고 마는 일기
라면 다른 사람이 옆에서 보고 써 줘도 될 것입니다. 아무
런 감동이 없는 일기는 나중에 보아도 쓰기를 잘했다는 생
각이 들지 않을 것입니다.

(3) 반성과 계획을 씁니다.
심부름을 먼저 한 다음에 다시 나가서 달팽이를 보았으면
좋았을 거라는 반성을 쓸 수도 있겠고, 일에는 먼저와 나중
의 순서가 있다는 걸 깨달았으니, 다음부터는 그런 일이 생
기면 어떻게 하겠다는 계획을 쓰면 된답니다.

부칠 곳 없는 편지

〈이 글은 1945년, 북만주에서 한국을 거쳐 일본으로 간 일본 어린이의 실제 이야기를 바탕으로 썼다.〉

한국의 남북이산가족 상봉 소식을 들은 어머니는 편지 뭉치를 방에 가득 펼쳐 놓고 하염없이 창 밖을 내다보고 있었다. 그것은 낡은 오동나무 궤짝에 차곡차곡 넣어 두었던 아버지에게 보낼 편지였다. 참으로 많은 사연들이 담긴 편지들이다.

우리는 한국이 해방되던 해에 북한 선천에서 아버지

와 헤어졌다. 그 후 지금까지 55년간 어머니는 생사도 모르는 아버지에게 편지를 써 왔다. 오직 그 일을 위해 사는 것처럼.

해방 전 우리 가족은 관상대에 근무하는 아버지를 따라 북만주 신경에 살고 있었다.

1945년 여름부터 공습에 대비한 방공훈련이 잦아지더니 마침내 일본 사람들의 외출이 금지되었다. 밤이면 등화관제로 등불도 못 켜고 일찍 잠자리에 들어야 했다.

8월 6일 밤이었다. 전날 밤 연합군의 폭격으로 잠을

설쳤지만 뒤숭숭한 생각으로 쉽게 잠들지 못하다가 겨우 잠이 들려는데, 누가 관사 현관문을 다급하게 두드렸다.

"후지와라상, 후지와라상! 관상대에서 나왔습니다."

2층에서 내려다보니 목총을 움켜쥔 두 청년이 아버지에게 무어라고 말하고는 도망치듯 사라졌다. 방으로 들어온 아버지는 말 없이 다리에 각반을 쳤다. 어머니가 물었다.

"여보, 무슨 일이에요? 어디 가시려고요?"

"비상소집이라는군. 자세한 것은 가 봐야 알겠소."

아버지의 얼굴은 어두웠다. 무언가 몹시 불안하고 초조해 보였다. 어머니는 아버지에게 다가앉으며 걱정스러운 음성으로 다시 속삭이듯 말했다.

"여보, 이 밤중에 당신 괜찮겠어요?"

"내 걱정은 말고 집에서 기다리고 있어요. 올 때가 온 것뿐이니까."

아버지가 나가시자 어머니와 나는 바깥을 살폈다. 등화관제인데도 관사촌의 전등은 환히 켜져 있었고 창문에는 사람들의 그림자가 어수선하게 어른거렸다. 거리는 자동차 소리, 사람들의 고함 소리로 술렁이고 있었다. 어머니는 가방을 열고 옷가지를 넣었다 꺼냈다를 되풀이했다. 나는 어찌할 줄 몰라 방 안을 서성거리기만 했다.

12시쯤 아버지가 돌아오셨다. 몹시 긴장해서 얼굴은 창백했고 목소리는 떨리고 있었다.

"한 시 반까지 신경역으로 집합이야. 빨리 서둘러야 하오."

"왜요? 이 밤중에 대체 어떻게 된 거예요?"

"자세히는 모르오. 관동군 가족들은 이미 이동을 시작했고, 공무원 가족도 곧 이동하라는 명령이오. 살아나려면 빨리 도망치라는 뜻이겠지."

아버지는 입술을 깨물며 강한 어투로 말했다. 어머니는 나에게 겨울옷을 껴입혔다.

"이건 비싼 시계니까 돈이 될지도 몰라. 무거운 짐은 모두 버려요."

아버지는 회중시계를 가방에 넣어 주며 다른 짐은 버리라고 했다.

"여보, 왜 그래요? 당신은요?"

어머니는 금방이라도 울 것 같은 표정으로 아버지를 쳐다보았다.

"아무 소리 말고 떠나요. 나도 뒤따라 갈 테니."

어머니는 죽더라도 아버지와 같이 남겠다며 몸부림을 쳤지만 아버지는 허락하지 않았다.

아버지는 우리를 역까지 데려다 주고 어둠 속으로

쫓기듯 사라졌다.

신경역은 만주를 떠나는 일본 사람들로 북새통이었다.

우리는 덮개도 없는 화물차 한구석에 겨우 자리를 잡았다.

기차는 천식을 앓는 노인처럼 헐떡이면서도 쉬지 않고 달렸다. 석탄 먼지를 가리기 위해 옷으로 얼굴을 감쌌다. 다음 역에 도착하자 일본인부인회에서 주먹밥을 나눠 주었다. 물도 반찬도 없이 먹는 주먹밥은 목이 메었다. 밤이면 춥고 낮이면 햇살이 너무 따가웠다. 비가 오면 그대로 맞아야 했다. 우리는 몇 날 며칠 밤을 그렇게 달렸다.

며칠 전만 해도 동양 전체를 호령하는 대일본 신민으로서 어디에서나 당당했는데 이제는 쫓기는 신세가 된 것이 너무 슬펐다. 봉천(지금의 중국 선양)과 안동(중국의 단둥)을 지나고 압록강 철교를 건넜다.

비로소 우리는 조선 땅에 들어섰다는 데 다소 안심이 되었다. 우리는 신의주를 지나 선천에서 내렸고 그곳에서 있는 선천농업학교에 수용되었다. 일본인부인회에서 나눠 주는 주먹밥을 먹고, 담요 속에서 자고, 냇가에 가서 빨래를 했다. 날이 갈수록 불안한 생각이 점점 커지고 있었다.

8월 15일 오후였다. 우리를 인솔해 온 도노상이 창백한 얼굴로 일본이 연합군에게 손을 들었다고 했다. 갑자기 미친 듯 울음을 터뜨리는 사람도 있었지만, 대부분 속으로만 울었다. 절망 속에서 하루가 지났다. 밤늦게 만주에 남았던 남자들 몇이 도착했다.

"엄마, 아빠야! 아빠가 오셨어요."

나는 아빠에게 달려가 안겼다. 죽었던 사람이 살아 온 것처럼 반가웠다. 다른 가족들도 마찬가지였다. 아버지는 우리 가족 겨울 내복과 담요 한 장을 갖고 오셨다.

"여보, 이제 우리도 맨땅에 자지 않게 되었네요."

담요 한 장에 그토록 기뻐하는 어머니 모습을 보니 눈물이 났다.

우리는 붉은 완장을 두른 조선인 보안대의 지시를 받았다.

"숨기는 물건이 있어도 안 되고 개인 행동은 더욱 안 됩니다."

앞일을 전혀 알 수 없었다. 보안대는 매일 우리의 짐을 검사했다. 모두가 불안해했다.

선천에는 만주에서 넘어온 일본 사람들이 삼천 명 정도 있었는데, 많은 사람들이 남한으로 넘어갔다. 어머니는 우리도 경성(서울)까지만 가면 살 길이 있을

교훈
정직

것 같다고 했다.

"여보, 우리도 빨리 남한으로 가요. 여기는 너무 불안해요."

"나도 그러고 싶지만, 남한으로 가려면 열차를 매수해야 하는데 그만한 돈이 어디 있어야지."

아버지는 한숨만 쉬었다. 돈이 많은 사람들은 화차를 사서 남으로 갔고, 그렇지 못한 사람들은 다시 만주로 돌아가기도 한다고 했다. 북한 정세는 일본 사람들에게 그만큼 더 위험하게 돌아가고 있었다.

우리 관상대 소개민 열일곱 가족 마흔아홉 명은 언덕 위의 집으로 옮겨졌다. 일본 신사 가운데 유일하게 불타지 않고 남아 있는 선천신사 사무소였다. 선천시가지가 한눈에 내려다보였다.

"이제는 주먹밥도 없습니다. 먹고 사는 일은 각자 해결해야 합니다."

도노상이 우리 열일곱 가족을 세 개의 방에 나눠 자리를 정해 준 뒤 침통하게 말했다.

"엄마, 우리는 이제 어떻게 살아요?"

"글쎄, 아버지도 오셨으니까 어떻게든 살아야겠지."

갖고 있는 돈과 물건을 감추어야 한다고 했다. 비누를 파서 아버지의 회중시계를 넣은 뒤 구멍을 메우니 감쪽같았다. 몰래 양식을 사들이고 만주 돈을 조선 돈

과 바꾸어 오기도 했다. 비율은 2대 1인데 그것도 암
암리에 바꾸었다. 바꾼 돈은 다른 물건과 함께 비밀
장소에 감추었다.

그 날도 아버지는 양식을 구하러 가고 어머니는 냇
가로 빨래를 하러 가셨다. 어디선가 멀리 소련군의 훈
련하는 소리가 바람결에 묻어 왔지만 군인들은 보이
지 않았다.

집 둘레에는 연보라색 들국화가 흐드러지게 피어 있
었다.

"아니, 저 사람들은?"

들국화가 핀 언덕으로 괭이와 낫을 든 청년들이 올
라오고 있었다. '이젠 모두 죽었구나' 했다. 그런데
그들은 집 둘레의 땅을 파기 시작했다. 거기는 우리가
돈과 물건들을 파묻어 둔 곳이었다. 우리는 모두 보고
있었지만 누구 하나 무어라고 말하지 못했다. 한 청년
이 바위 쪽 나무 밑을 파기 시작했다. 어머니가 새파
랗게 질렸다. 오오찌상 부인이 어머니께 말했다.

"부인, 저것 봐요. 당신네 쪽이에요."

거기는 우리 물건을 묻어 둔 곳이었다. 그 때 바위
쪽 돌이 무너지면서 통조림과 작은 상자들이 떨어졌
다. 숨겨 둔 누군가의 물건이 발각된 것이다. 청년은
그것을 끌어 모았다.

이 때 보안대원이 말을 달려 언덕을 올라왔다. 그러자 청년들은 산으로 달아났다.

"엄마, 무서워요. 우리도 여길 떠나요."

"그래, 엄마도 무섭다. 죽든 살든 여기를 떠나야겠구나."

그래서 아버지는 가진 물건을 몽땅 팔아 돈으로 만들었고 몰래 남쪽으로 달아날 준비를 했다.

"38선을 넘지 못하면 우리는 모두 죽을지도 몰라."

어느 날 언덕을 내려갔던 아버지는 기차를 탈 수 있다고 했다. 우리는 조선 보안대 몰래 역으로 갔다. 기차는 벌써 지붕까지 사람으로 꽉 차서 발 하나 들여 놓을 틈도 없었다.

"자! 어디든 끼어 가야 해요. 경성까지만 가면 살 수 있어요."

아버지가 우리를 석탄칸에 간신히 밀어 넣었다. 기차는 힘겨운지 허덕이며 출발을 했다.

"아버지! 기차가 떠나요. 어서 타요."

"여보, 우리만 갈 수는 없어요."

나와 어머니는 악을 쓰듯 외쳤지만 아버지는 경성(서울)에서 만나자며 손을 흔들었다.

경성에 도착한 우리는 일본 관리로 지낸 조선 사람들의 보호를 받으며 아버지를 기다렸지만 아버지는 끝내 오지 않았다. 그래서 할 수 없이 우리는 일본으로 돌아왔다. 그 후 어머니는 지금까지 아버지에게 편지 쓰는 것을 위안으로 삼으며 살아왔다. 부칠 곳이 없는 편지는 아버지가 쓰던 낡은 궤짝을 우체통 삼아 차곡차곡 쌓여 갔던 것이다.

"여보, 당신은 지금 어느 하늘 아래 계십니까?"

어머니는 먼 하늘을 바라보며 눈물을 흘리셨다. 나도 자꾸 눈물이 나왔다.

이 글을 쓴 선생님은요?

김종상 선생님은 1960년 서울신문 신춘문예에 동시가 당선되어 작품활동을 시작했습니다. 지금은 서울 유석초등학교 교장 선생님이며 〈노래로 마음을 닦아요〉 〈재주 많은 왕자〉 〈쉿, 쥐가 들을라〉 등 많은 책을 냈습니다.

'부칠 곳 없는 편지'를 읽고

　편지란 받을 사람과 보내는 사람이 분명한 글입니다. 하지만 받을 사람에게 전달이 되지 못하는 편지도 있어요. 전쟁으로 인하여 이산 가족이 되어 버린 경우 보낼 수가 없으니까요. 남북으로 갈라져 만나지도 못하고 소식도 모르며 지내는 사람들은 단 한 통의 편지라도 주고받아 보는 게 평생의 소원이겠지요.

　이 글의 어머니처럼 55년 동안이나 부치지 못하는 편지를 쓰는 마음은 정말 아플 거예요. 부치지 못하는 편지를 계속해서 쓰는 이유는 무엇일까요? 사랑하는 남편에게 자신의 마음을 글로라도 적으면서 위안을 얻고, 언젠가는 전해지리라는 희망을 놓지 않으려는 것일 테지요.

　우리는 이 글을 읽으면서 세계의 평화와 모든 인류의 행복을 위해서는 절대 전쟁이 일어나서는 안 된다는 걸 깨달아야겠지요.

편지글 어떻게 쓸까요?

1 편지글이란 무엇일까요?

하고 싶은 말이나 전하고 싶은 마음을 적어 보내는 글입니다. 멀리 떨어져 있는 사람에게 우편을 이용하여 보내기도 하지만, 말과는 다른 글만의 장점을 이용하여 가까이 있는 사람끼리도 주고받을 수도 있습니다.

2 편지글의 특징은 무엇일까요?

편지는 받아서 읽을 사람이 정해져 있는 글로, 주고받는 사람끼리의 정을 두텁게 합니다. 또 자기의 시간이 허락하는 때에 자유롭게 써 보내면 받는 사람도 자신이 편한 시간에 읽으므로, 전화처럼 상대방과 똑같은 시각에 대화를 해야 하는 불편함이 없습니다. 이 밖에도 편지글을 자주 쓰면 문장력이 늘어 글짓는 솜씨도 늘어나는 좋은 점이 있습니다.

3 편지글의 형식입니다.

편지를 쓰는 데는 꼭 지켜야 할 형식이 있는 것은 아닙니다. 특히 친구끼리는 마음 편하게 하고 싶은 말을 쓰면 됩니다. 하지만 웃어른께 안부의 편지를 올리거나 단체 앞으로 글을 쓸 때 등은 예의를 지켜서 써야 합니다. 지켜야 할 형식은 다음과 같습니다.

(1) 앞부분
글의 첫머리로, 자세히 나누면 다시 세 부분이 됩니다.

① 받는 사람을 부르는 말
편지를 받는 사람의 이름이나 호칭을 쓰는데, 정다운 마음을 담을 수 있는 말로 꾸미기도 합니다.

예) 보고 싶은 정아에게.

② 상대방 안부
첫인사로 보통 계절이나 날씨에 맞는 인사말을 씁니다.

예) 벌써 방학을 한 지 두 주일이 지났는데 그 동안 어떻게 지내고 있니? 감기는 안 걸렸지?

③ 자기(편지 보내는 사람)의 안부
자신이 잘 있음을 전하여 상대방을 안심시키는 것도 예의입니다.

예) 나도 몸 건강히 잘 지내고 있어.

(2) 가운뎃부분

편지를 쓴 이유나 목적, 즉 하고 싶은 이야기를 빠짐없이 쓰는 부분입니다. 편지의 대부분을 차지하는 곳으로 자세하고 길게 씁니다. 대부분의 편지가 짧고 재미없게 써지는 이유는 가운뎃부분을 못 써서입니다. 옆에 앉아 이야기하는 것처럼 여기고 쓰면 됩니다. 가운뎃부분으로 들어갈 때는 문단을 새로 시작하면서 쓰는데, 보통 아래의 몇 가지 방법으로 하고 싶은 말을 꺼내면 됩니다.

예) ① 너에게 편지를 쓰는 이유는,
　　② 드리고 싶은 말씀이 하나 있답니다.
　　③ 오늘 편지에서 밝히고 싶은 게 하나 있는데,

(3) 끝부분

편지를 끝맺는 부분으로 다시 세 부분으로 나뉩니다.

① 끝인사

마지막 인사말을 쓰는 곳으로 다음에 다시 볼 것을 약속하며 상대방에 대한 기원을 담습니다.

예) 그럼, 개학하는 그 날까지 잘 지내길 바라면서 이만 줄인다. 안녕.

② 날짜

편지를 쓴 날짜를 적습니다. 편지 내용에서도 알 수는 있지만 정확하게 쓰는 것이 좋습니다.

예) 2002년 1월 4일.

③ 보내는 사람의 이름

편지를 쓴 사람의 이름을 밝히는 곳으로 윗사람에게 썼을 때는 이름 뒤에 '올림'이나 '드림'을 붙입니다. 친구나 아랫사람에게는 '씀'이나 '보냄'이라고 적습니다.

예) 너를 보고 싶어하는 친구 은지 씀.